Die stille Kämpferin

AUTONOME
PROVINZ
BOZEN
SÜDTIROL

PROVINCIA
AUTONOMA
DI BOLZANO
ALTO ADIGE

Deutsche Kultur

Die Drucklegung dieses Buches wurde ermöglicht durch
die Südtiroler Landesregierung / Abteilung Deutsche Kultur.

Die stille Kämpferin

Marcellina Pustet
die 10. Äbtissin von Säben

ELISABETH MADER

ATHESIA VERLAG

Dem Archäologen von Säben,
Hans Nothdurfter, gewidmet

INHALT

MARCELLINA PUSTET OSB

„Mulier fortis", eine starke Frau – das ist die erste Assoziation, die mir zu Marcellina Pustet OSB einfällt. Eine starke Frau – in ihrem Auftreten, in ihren Gedanken, in ihrer Ausstrahlung, in ihrer Frömmigkeit. Wer ihr gegenüberstand, konnte den Eindruck gewinnen: Das ist eine bodenständige Frau, gebildet und geerdet; geformt durch die Regel des heiligen Benedikt; eine Frau, die etwas zu sagen hat und die sich auch nicht scheut, zu sagen, was ihr wichtig ist.

Und auch jetzt, mit ihren mehr als 94 Jahren, kann man einer wachen, interessierten Gesprächspartnerin begegnen – auch wenn die körperlichen Kräfte nicht mehr die einer „mulier fortis" sein können. Marcellina Pustet war von 1970 bis 1996 die 10. Äbtissin des Klosters Säben, eine starke Frau auf dem Heiligen Berg Tirols. Persönlich werde ich ihr immer verbunden sein durch den Äbtissinnenring, den sie mir zur Bischofsweihe geschenkt hat. Sie übergab ihn mir mit der Begründung, dass sie diesen Ring nicht mehr brauche, und vor allem sollte dieser Ring, der sie durch ihren Klosterdienst begleitet hatte, jetzt den „neuen Bischof" immer daran erinnern, wo die Wiege unserer Diözese liegt: Auf Säben, wo seit den Anfängen der Diözese eine Kirche zu Ehren des heiligen Kassian stand, des Märtyrers aus Imola, unseres Diözesanpatrons; wo der heilige Ingenuin, der erste geschichtlich eindeutig einzuordnende Bischof der Diözese wirkte und starb; von wo im Laufe des 10. Jahrhunderts der Bischofssitz allmählich nach Brixen verlegt wurde.

Besonders wertvoll ist mir dieser Ring auch deswegen, weil er ein Christusbild zeigt. Mutter Marcellina steckte mir den Ring an den Finger mit den Worten: „Ihr bischöfliches Leitwort ist *Tu es Christus*. Das ist unser Fundament – auf Säben, in der Diözese und für die ganze Kirche. Schauen Sie immer auf IHN – und dann von IHM auf uns alle."

Marcellina Pustet – eine „mulier fortis", auch und gerade in ihrem Glauben. Heute wird sie liebevoll und respektvoll gepflegt von ihrer Nachfolgerin, Mutter Ancilla Hohenegger OSB, und von der kleinen Schwesterngemeinschaft.

Möge Säben, die Wiege der Diözese, ein Ort bleiben für „starke Frauen" im Glauben, und möge dieser besondere Symbolort nicht aufhören, eine starke Botschaft hineinzusagen in unsere Zeit: „Die Kirche ist erbaut auf Jesus Christ allein; wenn sie auf ihn nur schauet, wird sie im Frieden sein" (Gotteslob 478, 3. Strophe).

Ivo Muser, Bischof von Bozen-Brixen
Bozen, am Fest des heiligen Benedikt, 11. Juli 2018

Marcellina Pustet,
Foto zur ewigen Profess 1958

GELEITWORT VON BISCHOF RUDOLF VODERHOLZER, REGENSBURG

Eine der schönsten und ältesten Kirchen in Regensburg ist die Pfarrkirche St. Kassian, die seit dem 13. Jahrhundert zum Kollegiatstift Unserer Lieben Frau zur Alten Kapelle gehört. Ihre Entstehungsgeschichte vor der Kanonisierung des Bistums Regensburg erinnert an eine Zeit, in der das Gebiet des ehemaligen römischen Legionslagers *castra regina* zum Patriarchat Aquileia gehörte. Mit ihrem Patrozinium baut sie eine Brücke nach Südtirol, näher hin zum heutigen Bistum Bozen-Brixen und dem ehemaligen Bistum Säben. Sie ist die nördlichste Kirche, die dem heiligen Kassian geweiht ist.

In der Benediktinerinnenabtei vom Heiligen Kreuz zu Säben hat im 20. und 21. Jahrhundert eine besondere Frau diese Verbindung gestärkt und in ihrer Person verkörpert, nämlich die ehrwürdige Mutter Marcellina Pustet OSB, die am 29. Februar 1924 in Regensburg geboren und am 20. Juni 1970 im Kloster Säben zur 10. Äbtissin geweiht wurde.

Der heilige Kassian, Diözesanpatron des Bistums Bozen-Brixen, ist der Überlieferung nach Gründer des Bistums Säben und sein erster Bischof. Es wird von ihm berichtet, dass er später als Lehrer in Imola die Schüler im Elementarunterricht für den christlichen Glauben gewinnen konnte. Sein christliches Engagement wurde ihm in der Christenverfolgung zum Verhängnis. Er wurde zum Tod verurteilt. Das Urteil vollstreckten die Schüler mit ihren Griffeln. Das Instrument, mit dem sie von Kassian

9

das Schreiben gelernt hatten und das Ausdruck der Hochkultur ist, wurde in ihren Händen – so die Legende – zum unmenschlichen Folter- und Mordinstrument.

Der heilige Kassian setzte sich für eine Bildung ein, die nicht nur die Orientierung in der diesseitigen Welt ermöglichen wollte, sondern darüber hinaus auch einen klaren Wegweiser für ein gottfälliges Leben und sein Ziel im Jenseits vermittelte, nämlich Jesus Christus. Eine ganzheitliche Bildung im Sinne des Lehrerpatrons Kassian gehört zu den Charakteristika des Christentums. Ziel der „Bildung" ist die Verähnlichung, die Gleichgestaltung mit Christus, der uns das Menschsein in der Weise wieder ermöglicht hat, wie Gott es in seinem Plan für uns vorgesehen hat.

Als ich am 10. Februar 2013, also wenige Tage nach meiner Bischofsweihe und einen Tag vor dem Rücktritt Papst Benedikts XVI. die ehrwürdige Mutter Marcellina in Säben besuchen durfte, erzählte sie mir von einer anderen Märtyrergestalt, die sie in ihrer Jugendzeit geprägt hatte: der damalige Domprediger in Regensburg, Johann Maier, der ihr Religionslehrer und Beichtvater war.

Seit 1939 war er als Domprediger im Hohen Dom zu Regensburg und als Religionslehrer in allen Schulen der Dompfarrei tätig. Noch in den letzten Kriegstagen musste er sein Leben aufgrund seiner aufrechten christlichen Gesinnung hingeben. Wehrkraftzersetzung wurde ihm vorgeworfen, weil er bei einer Kundgebung zur Menge sprechen wollte, die die kampflose Übergabe der Stadt an die Alliierten forderte. Domprediger Maier war schon lange im Visier der Nationalsozialisten, weil er ein unermüdlicher Kämpfer für das Reich Gottes war. „Nicht mitzuhassen, mitzulieben sind wir da", predigte er im Jahr 1944. Ähnlich wie der heilige Kassian verlor er sein Leben, weil verblendeten Machthabern das öffentliche Bekenntnis zum christlichen Glauben ein Dorn im Auge war.

Auch Mutter Marcellina hat ihr Leben Christus verschrieben und im Kloster durch ihr Gebet und ihrer Hände Arbeit einen wertvollen Dienst für die Kirche geleistet. Sie ist eine beeindruckende Frau, die sich mit ihrem Leben, ihrem Weg von Regensburg über Innsbruck und Herstelle nach Säben auch in die Geschichte der beiden Kirchen von Regensburg und Brixen eingeschrieben hat.

Ich danke Frau Elisabeth Mader, dass sie mit ihrem Buch Leben und Werk Mutter Marcellinas würdigt und auf diese Weise auch die Verbindung zwischen den beiden Bistümern Bozen-Brixen und Regensburg stärkt.

Für Mutter Marcellina erbitte ich den Segen unseres Herrn und wünsche ihr, dass sie ihren Lebensabend in Gesundheit, geistiger Frische und im Vertrauen auf die rettende Lebensmacht Gottes verbringen kann.

Regensburg, am 22. Januar 2019
+ Rudolf Voderholzer
Bischof von Regensburg

UNSERE EHRENBÜRGERIN

Schwester Marcellina Pustet, 10. Äbtissin der Benediktinerinnen-abtei zum hl. Kreuz von Säben wurde im Jahre 2005 als erste Frau Ehrenbürgerin der Stadtgemeinde Klausen. Dadurch wollte die Gemeinde anlässlich ihrer Feier zur Goldenen Profess ihre große Dankbarkeit und ihre Hochachtung für das segensreiche Wirken zum Ausdruck bringen. Schwester Marcellina Pustet hat neben ihrer umsichtigen, sachkundigen Leitung der Abtei eine Öffnung nach außen eingeleitet, die weit über die Grenzen der Gemeinde hinaus reichte. So ist sie vielen von uns als Gestalterin und Sprecherin des „Wort zum Sonntag" im RAI Fernsehen am Samstagabend in Erinnerung, geschätzt waren genauso ihre Beiträge im Katholischen Sonntagsblatt.

Die „Wiege des Christentums Tirols", der „heilige Berg", seit über 300 Jahren in Frauenhand, vermittelte Mutter Marcellina Aufgeschlossenheit und Weltoffenheit im christlichen Glauben.

Eine Begegnung mit ihr ist und war stets etwas Besonderes. Mit ihrem tiefen menschlichen Verständnis, ihrer Klugheit und ihrem Humor gelang und gelingt es ihr immer noch, daraus ein Erlebnis zu machen, das unvergessen bleibt. Wie gerne erinnere ich mich an die zahlreichen geistreichen Anekdoten, die sie zum Besten gegeben hat.

Bereits bei der Feier zur Goldenen Profess ist mir die Herzlichkeit im gemeinsamen Umgang in der Schwesterngemeinschaft aufgefallen. Mit gleicher Herzlichkeit wird unsere Ehrenbürgerin heute von Frau Äbtissin Ancilla Hohenegger und ihren

Mitschwestern fürsorglich gepflegt. Ihr wacher Geist und das Gebet begleiten immer noch das Geschehen der Welt und unserer Stadtgemeinde.

Wir sind dankbar, dass wir sie haben.
Die Bürgermeisterin
Maria-A. Gasser Fink

PROLOG

„Ad maiorem Dei gloriam", zur größeren Ehre Gottes, so lautet ein bekannter Wahlspruch der Jesuiten. Mein Buch soll mit dem leicht abgewandelten Motto „Ad maiorem Sabionae gloriam" versehen werden. Ein Buch über Mutter Marcellina zu schreiben, die Jahrzehnte lang das Kloster Säben und seine Bewohner bravourös durch schwierige Zeiten gelenkt hat, bedeutet nämlich auch über dieses wunderbare, hoch über der Stadt Klausen thronende Kloster zu schreiben – die erste Siedlung am Burgberg, die Gründung des Benediktinerinnenklosters, über schwere Zeiten einst und heute und vor allem auch über zukünftige Herausforderungen.

Als entfernte Verwandte der ehemaligen Äbtissin Marcellina Pustet war mir Säben immer schon ein Begriff und ich habe bereits als Kind voller Neugierde zugehört, wenn über das berühmte Kloster in Südtirol erzählt wurde.

Auch später, als Vorstandsmitglied der „Kloster Säben Freunde e. V.", habe ich mir die Unterstützung des Klosters auf die Fahnen geschrieben.

Die Äbtissin selbst habe ich persönlich nie kennengelernt. Sie war wie das Kloster auf dem Felsen für meine Augen entrückt, hinter Nebelschleiern verborgen. Umso mehr fesselte mich ihre Vita und vor allem ihre Entscheidung, in diesem felsenbewehrten, traditionsreichen Kloster hoch über Klausen, zwischen Himmel und Erde, ihr Leben zu verbringen. Um meine Neugierde zu befriedigen und meine vielen Fragen persönlich stellen zu können, habe ich um eine Besuchserlaubnis bei der

Marcellina Pustet, die Felsenfeste

derzeitigen Äbtissin, Mutter Ancilla Hohenegger, angesucht, die mir auch gewährt wurde. Im Frühjahr 2017 machte ich mich von Regensburg nach Südtirol auf den Weg in das stille, schwer zugängliche Kloster, in dem nur noch wenige Nonnen leben …

ELISABETH PUSTET –
MUTTER MARCELLINA

ANFAHRT
UND IRRFAHRT

Mit meinem neuen Skoda Allroad fahre ich auf der Brenner-autobahn Richtung Süden. Mein Ziel ist das Kloster Säben, das jedem Italienfahrer gleich hinter Brixen hoch über Klausen ins Auge fällt. So blickte vor rund 80 Jahren die elfjährige Elisabeth Pustet aus dem Zugfenster, als sie von ihren Großeltern auf einer Urlaubsreise nach Bozen auf die mächtige Abtei hoch oben am Felsen hingewiesen wurde. „Da will ich einmal hin", sagte sie damals, nicht ahnend, dass sie dort später einmal als Äbtissin den größeren Teil ihres langen Lebens verbringen wird.

Mein Navigator ist auf Pardell eingestellt, einem kleinen Weiler über der Stadt Klausen, der gerade noch mit dem Auto anzu-fahren ist. Dort habe ich im Obergostner Hof mein Quartier für sechs Wochen gebucht. Ich reise im selbst erteilten Auftrag, der darin besteht, die Altäbtissin Marcellina, ehemals Elisabeth Pustet, und ihr bemerkenswertes Leben im Dienste Gottes und der Kirche näher kennenzulernen. Aufgebrochen bin ich mit meinem angelesenen Wissen und der nicht hinterfragten Voreingenommenheit, Klöster seien mehr oder weniger ein Abenteuerspielplatz für Weltverweigerer. Ebenso beschäftigte mich vorab die Frage, wie eine Frau wie Elisabeth Pustet, die ihre Kindheit und Jugend im Schoß einer großbürgerlichen Familie in Regensburg verbracht hat, das einsame Leben in einem abgelegenen Kloster meistert.
Fünf Wochen später hatte ich nicht immer konkrete Antworten auf konkrete Fragen, aber über ein Klosterleben sollte ich jetzt ganz anders denken.
Ich komme gut voran. Es gibt keinen Stau. Die im Internet ausgedruckte Wegbeschreibung nach Pardell – als zusätzliche

Absicherung zum Navigator – liegt auf dem Beifahrersitz. Um 16 Uhr erreiche ich Klausen. Jetzt muss ich nach rechts abbiegen in Richtung Feldthurns. Kurze Zeit später sagt das Navi etwas anderes als der Streckenausdruck, der mir ohnehin etwas vage und ungenau vorkommt. Die Stimme aus dem Off beharrt auf „Links abbiegen!" Da bin ich aber bereits über eine Kreuzung gerauscht. Nun wird mir „Bitte wenden" empfohlen. Also kehre ich um. Ein relativ kleiner Wegweiser zeigt Leitach an, das auf meiner Skizze nicht angegeben ist. Ich folge der immer enger werdenden Spur. Längst gibt es keine Asphaltierung mehr, und die Sträucher klatschen rechts und links gegen die Scheiben meines Autos. Mit einer gewissen Beharrlichkeit fahre ich weiter. Gespenstisch ragen die heuer erfrorenen und gänzlich blattlosen Nussbäume in den Himmel. Riesige schwarze Skulpturen!

Der Weg hat sich in einen Trampelpfad verwandelt. An Umkehren ist nicht mehr zu denken. Die beiden linken Autoreifen bewegen sich auf einer höchst instabilen Trockenmauer, darunter der Abgrund. Rechts erhebt sich steil der Weinberg. Weil die Steigung und eine scharfe Rechtskurve eine Aussicht unmöglich machen, muss ich aussteigen, um zu sehen, wohin die Reise überhaupt geht. Auch das ist alles andere als einfach. Vorsichtig erkunde ich das Gelände. Der Untergrund ist staubtrocken. Wenn ich jetzt nicht beim Gas geben die spitze Rechtskurve kriege, rutscht das linke Hinterrad ab. Ein Stoßgebet und ein Schluck aus der Wasserflasche sollen helfen. Todesmutig trete ich aufs Gaspedal und schlage die Lenkung rechts ein. Ein tiefes Durchatmen. Mit Schwung und Gottes Hilfe bin ich aus der misslichen Position raus. Nach ein paar

Säben von Süden, mit der Liebfrauenkirche. Am linken Bildrand das Dorf Verdings und der Obergostner Hof, wo ich für meine Recherchen im Kloster mehrere Wochen wohnte.

ähnlichen Situationen meldet das Navi „off road", was ich selbst auch schon feststellen konnte. Ich hatte mich in die Weinberge oberhalb von Klausen verirrt.

Endlich erblicke ich weiter vorne ein Haus. Mit zitternden Knien erreiche ich den nächsten Hof. Und wie ein Wunder: Es ist der Obergostner Hof der Familie Gasser. Genau hier hatte ich

Marcellina Pustet mit der Autorin, 2013

mich vor einigen Wochen per E-Mail angemeldet. Mein Ziel ist erreicht.

Nach Pardell bin ich gekommen, um von dort aus jeden Tag den Bergkamm hinunterzuwandern und dann den steil aufsteigenden Verbindungsweg zum Kloster hinaufzuklettern, wie es mit Mutter Ancilla, der amtierenden Äbtissin, vereinbart war. Vor der Pforte zum Kloster muss ich jedes Mal ausschnaufen, denn das Bergsteigen bin ich nicht gewohnt, und mit dem Auto ist das Kloster nicht zu erreichen. Pünktlich um 15 Uhr klingle ich und bekomme Zugang in die Klausur, wo Mutter Marcellina schon auf mich wartet. Ich will sie nach allem befragen, was wir Weltmenschen vom Klosteralltag wissen wollen, nach allem, was eine junge Frau motivierte, ihr Leben in Klausur zu verbringen und wie die ehemalige Äbtissin, nun bettlägerig, aber geistig vigilant, ihren Lebensabend verbringt. Besorgte Nachfragen nach ihrer Gesundheit beantwortet sie schlagfertig: „Der Schrank wackelt zwar, aber die Tassen sind alle noch drin."
Ich mache mich auf die Suche nach der Vielfalt des Menschlichen, seinen Schwächen, seinen Lebenserfahrungen und seinen großartigen Entfaltungsmöglichkeiten. Ich interessiere mich für die Kindheit von Mutter Marcellina als Ursprung ihrer Identität. Obwohl, und da wird sie mir sicher beipflichten, Gottes Wege unergründbar sind. Wir sind viel mehr als das, was wir sehen und verstehen. Mutter Marcellina hat viel Zeit zum Überlegen. Ich möchte gern teilhaben an ihren Gedanken, wenn sie auf ihr langes Leben zurückblickt.

JENNERS TRAUM

Mutter Marcellina ist die zehnte Äbtissin des Klosters Säben, der einzigen benediktinischen Frauenabtei Südtirols. Diese wird seit 330 Jahren von Benediktinerinnen bewohnt und verwaltet. Die Namen der seit der Klostergründung in Säben amtierenden Äbtissinnen sind bekannt, ihre Porträts hängen in der Klausur des Klosters. Das Gemälde der emeritierten Äbtissin Marcellina Pustet ist soeben von der Klausner Künstlerin Sonya Hofer angefertigt worden. Es soll in frischer Manier, luftig und leicht gemalt, die Ahnengalerie der meist finster blickenden Ordensdamen komplettieren.

Gegründet hat die Abtei der Klausner Mathias Jenner (1631–1691), Domherr zu Brixen, Spitalherr und Pfarrer in Klausen. Säben hatte er sich zur Herzensangelegenheit erkoren.

Er setzt sein privates Kapital ein, kämpft gegen Widerstände aus dem Domkapitel, stiftet die Seitenaltäre der Liebfrauenkirche und lässt die Heilig-Kreuz-Kirche renovieren. Doch erst als Fürstbischof Paulinus Mayr mit seinem eigenen Vermögen für das neue Kloster Bürgschaft leistete, konnte der Bau vollendet werden.

Im Februar 1685 machten sich fünf Nonnen von der Abtei Nonnenberg bei Salzburg auf den Weg nach Säben: Agnes Zeiller, eine der Fünf, wird später die erste Äbtissin. Die feierliche Einweihung fand am 18. November 1686 statt. Bereits 13 Jahre später wurde das Kloster zur Abtei erhoben und Agnes Zeiller zur ersten Äbtissin geweiht. Mathias Jenner konnte diesen Freudentag nicht mehr erleben.

Innenaufnahme der Liebfrauenkirche mit den beiden von Jenner gestifteten Seitenaltären

Gemälde von Mathias Jenner mit dem Modell der Kirche

Gemälde der ersten Äbtissin von Säben, Agnes Zeiller

*Gemälde der 10. Äbtissin von Säben,
Marcellina Pustet, von Sonya Hofer 2018*

KINDHEIT UND JUGEND

Als ich Mutter Marcellina am 24. April 2017 zum ersten Mal aufsuche, finde ich eine feine, hellwache alte Dame im Pflegebett vor. Sie trägt ein weißes Nachtjäckchen, die Haare wegen der leichteren Pflege kurz geschnitten. Durch das flache Liegen bedingt, spricht sie für mich zunächst schwer verständlich. Mein Besuch ist auf eine Stunde beschränkt. Sie soll nicht überanstrengt werden. Aber bereits nach ein paar Tagen ist sie wesentlich agiler, sie hat vor Aufregung rote Wangen und freut sich auf das tägliche Gespräch. Die Artikulation wird deutlich klarer, als wir das Kopfteil ein wenig erhöhen. Sie ist im 94. Lebensjahr und zeigt sich mir als überaus realistische, klar strukturiert denkende und unpathetische Persönlichkeit. Zuhause hatte ich mir einen Fragenkatalog zusammengestellt, über den ich ihren Charakter, ihr Welt- und Klosterverständnis und eventuell ihre Vorstellung von Frauen in Führungspositionen erkennen kann. Das Bild einer modernen Katharina von Siena, das schreibende Gewissen ihrer Zeit und leidenschaftliche Kämpferin für Reformen in der Kirche, hatte sich in meinem Kopf hartnäckig eingenistet.

Nach einiger Zeit höre ich mit den systematischen Erkundigungen auf, denn oft bekomme ich nur eine abwehrende, manchmal eine desillusionierende Antwort. Gelegentlich erfolgt sie erst am nächsten Tag, wenn Marcellina über meine Fragen nachgegrübelt hat.

Ich verlasse mich von nun an auf ihre spontanen Äußerungen zu verschiedenen Themen, vor allem über ihre Kindheit und Jugend im Elternhaus in Regensburg. Mutter Ancilla muss einen Karton mit alten Fotos aus dem verwaisten Büro holen.

Jetzt blüht die ehemalige Äbtissin richtig auf. Sie wird wieder das junge Mädchen, das erste Kind des Verlegers Friedrich Pustet IV. und seiner Frau Elisabeth, das im Schaltjahr 1924, am 29. Februar auf die Welt kam. Diesen „speziellen" Geburtstag hatte Elisabeth immer besonders gerne gehabt, weil er nicht alle Jahre auf dem Kalender stand. „Meinen besonderen Geburtstag haben wir in der Familie meistens am 28. Februar, hie und da auch am 1. März gefeiert. Zu meiner Freude haben sich zeitlebens alle meinen außergewöhnlichen Geburtstag immer gemerkt", bemerkte Mutter Marcellina rückblickend.

Offenes Gartentor für die kleine
Elisabeth Pustet

Eine glückliche Kindheit im Garten der Pustetvilla

Früh übt sich ...

*Schüchtern und
doch selbstbewusst*

Die Eltern Elisabeth und Friedrich Pustet

Elisabeth und ihre Schäferhündin Flora

Erste Heilige Kommunion

Geheimrat Friedrich Pustet (1867–1947),
Großvater von Elisabeth

Friedrich Pustet, Vater von Elisabeth

Klassenzimmer im Neuen Gymnasium Regensburg

Klassenausflug vom Neuen Gymnasium Regensburg,
links Clothilde v. Thurn und Taxis, rechts Elisabeth Pustet

Erinnerungskarte an das Abitur 1942 im Neues Gymnasium

Elisabeth Pustet als junge Frau

Eine jugendliche Schönheit

Offizielles Passfoto von Elisabeth

Elisabeth war ein hübsches Mädchen mit Schleife im Haar, selbstbewusst, aber trotzdem schüchtern, hineingeboren in eine tief religiöse Familie aus dem Großbürgertum. Ihr Beichtvater war der von den Nazis in den letzten Kriegstagen ermordete Johann Maier.

Der Vater erbte den Verlag in der vierten Generation von seinem Vater.

Wie alle männlichen Erstgeborenen wurde er auf den Namen des Firmengründers Friedrich getauft, der vor 192 Jahren in Regensburg den Verlag aufgebaut hatte.

Schäferhündin Flora

Familienfoto für den Vater im Krieg

Familie Pustet mit dem Vater auf Heimaturlaub

*Gotische Madonna in der Klausurkirche,
Geschenk von Prof. Engelhardt*

Der erste Friedrich Pustet war eine geniale Unternehmerpersönlichkeit gewesen. Mit Fleiß und Zähigkeit führte er aus kleinen Anfängen in Passau sein Lebenswerk in Regensburg zu Größe und Erfolg. Den Weltruf der Firma festigten die nachfolgenden Generationen vor allem auf dem Gebiet der Theologie und der Kirchenliteratur.

Elisabeth Pustet bewohnte mit ihren Eltern und Geschwistern ein vornehmes Stadthaus, die Pustetvilla, mit großem Garten in unmittelbarer Nähe zum Fürstenhaus. Prinzessin Clothilde von Thurn und Taxis war Elisabeths Klassenkameradin, zuerst bei den Englischen Fräulein und nach deren Schließung im Dritten Reich im Neuen Gymnasium. Sie haben gemeinsam Abitur gemacht.

Verehrer hatten sie nicht wenige, waren sie doch beide groß, schlank, hübsch, wohlerzogen, und eine gute Partie. Die Mutter hätte gern gesehen, wenn Elisabeth einen Amerikaner geheiratet hätte. Doch das attraktive Mädchen hatte kein

Auge für heiratsfähige junge Männer. Lieber ging sie mit ihrer Schäferhündin Flora im Park spazieren und schrieb sich in Innsbruck zum Studium der Germanistik ein. Daraus wurden kriegsbedingt nur zwei Semester. Dann lernte sie Prof. Georg Engelhardt kennen, der an der Regensburger Theologischen Hochschule Dogmatik lehrte. Sie besuchte seine Vorlesungen und ließ sich auch zeitweise von ihm zu Sekretärinnenarbeiten verpflichten.

Der Zweite Weltkrieg traf auch den Pustet-Verlag ziemlich hart: „Die verheerenden Auswirkungen des Zweiten Weltkrieges legten schließlich jedoch auch alle internationalen Verbindungen lahm, auf die die Firma Pustet von ihrer Produktion her in so hohem Maße angewiesen war. 1943 drohte die völlige Stilllegung des Unternehmens." (Friedrich Pustet V.)

Nach Kriegsende, der Vater war noch bis 1949 in Gefangenschaft, übernahm vorübergehend Elisabeth die Geschäfte. Auf Anraten ihres väterlichen Freundes und Mentors Engelhardt nannte sich der Verlag nun Gregoriusverlag. Elisabeth hat den Verlag als Lektorin so lange über Wasser gehalten, bis der Vater wieder einsatzfähig war. Der Großvater, Friedrich Pustet III. war bereits zwei Jahre vorher, am 11. Januar 1947, verstorben.

Professor Engelhardt muss die junge Elisabeth Pustet ins Herz geschlossen haben, denn er hat ihr neben seinen Büchern auch eine außerordentlich schöne gotische Madonna vererbt. Sie thront heute in der Klausurkirche von Säben, rechts vom Altar in Blau und Gold – das Jesuskind im Original freilich nackt. Ihre Mitschwestern meinten, das könne man ihnen nicht zumuten. So beauftragte Mutter Marcellina einen Südtiroler Holzschnitzer, dem Kind eine Windel anzulegen. Schelmisch verrät sie mir, dass sie aber so angebracht sei, dass man sie auch wieder wegnehmen kann, wenn die Zeit dafür reif ist.

Eine meiner vorgefertigten Fragen lautete: „Sie kommen aus einer Welt der Bücher. Hat ein Buch für Sie besonders wegweisend gewirkt?" „Wir hatten einmal das Buch einer gewissen Aemiliana Löhr mit dem Titel ‚Das Herrenjahr' verlegt. Das hat mir mein Vater zu lesen gegeben. Aemiliana Löhr beschreibt darin das Mysterium Christi im Jahreskreis der Kirche. Sie will damit deutlich machen, dass das Christusereignis im Zentrum der Fest- und Gedenktage steht. Diese nehmen die biblischen und historischen Ereignisse zum Anlass, um das Heilswirken Gottes zu vergegenwärtigen. Auch wiederkehrende Feiertage und Heiligenfeste sind ganz auf das Mysterium Christi bezogen und wollen darstellen, dass dieses Geheimnis noch verborgen und dem Lauf der Zeit unterworfen ist. Dieses Buch hat in mir viel bewegt. Ich legte mir ein schwarzes Tuch um und spielte Nonne. Just in dieser Zeit befand ich mich in einer Glaubenskrise. Ich war der Meinung, dass der Leib mit der Seele stirbt." Aemiliana Löhr hat Elisabeth wieder auf den Weg gebracht, den sie für sich verloren glaubte. Sie versprach sich damals: „Wenn ich Einsicht bekomme, dann gehe ich ins Kloster. Ich hab' nämlich dem lieben Gott nicht zugetraut, dass er so etwas mit mir vorhaben könnte, dass er mich berufen könnte, dass das Leben im Kloster für mich eine Möglichkeit wäre." Auf meine Frage, worin diese Einsicht bestehe, antwortete sie: „Eine diffuse Lücke zwischen Wissen und Ahnen."
Die Autorin Aemiliana Löhr war zu dieser Zeit Nonne im Kloster Herstelle bei Kassel. Mit dreißig Jahren trat Elisabeth Pustet

konsequent und selbstbestimmt in ebendieses Kloster ein und wurde Benediktinerin wie ihr großes Vorbild. Ihre Familie war nicht besonders überrascht, denn Elisabeths Schwester Mandi war schon vorher ins Kloster Pielenhofen bei Regensburg als Maria Assumpta eingetreten. Sie wurde Salesianerin.

Die Pflege und Versorgung der Eltern im Alter wäre an Elisabeth hängen geblieben, doch wollte sie diese Aufgabe nicht gern übernehmen. Für Haushalt und Kochen hatte sie nichts übrig. „Herstelle wollte ich erst mal ausprobieren. Ich hab' alles nicht so ernst genommen." Ihrer Mutter sagte sie tröstend: „Ich bleib doch nicht im Kloster." Auch Professor Engelhardt rät ihr ab. „Eigentlich hab' ich nichts verstanden", bekennt sie freimütig, aber als sich die Türen der Klausur hinter ihr geschlossen haben, hatte sie das Gefühl: „Jetzt bin ich daheim."

KLOSTERPRÄGUNG IN HERSTELLE

Am 24. April 1954 war der Tag der Einkleidung. Elisabeth Pustet empfing den Schleier von der Äbtissin, Mutter Theresia, der Frau, die sie selbst immer mit dem Attribut der leuchtenden Augen versieht, und den Klosternamen Marcellina nach der Schwester des heiligen Ambrosius, einer geweihten Jungfrau der Alten Kirche. Sie fühlte sich damals „wie ein Tiefseetaucher 15 Meter unter dem Meeresspiegel mit Schleier". Aber sie war im Kloster gut aufgehoben. Ihre Mitschwestern waren zum großen Teil Künstlerinnen, promovierte Akademikerinnen, Autorinnen wie Aemiliana Löhr oder Wissenschaftlerinnen, mit denen sie lernte, das Chorgebet zu singen – mit Inbrunst und großer Präzision. Die Hersteller Benediktinerinnen waren für ihren Chorgesang berühmt.

Marcellina versprach Gehorsam, klösterlichen Lebenswandel und die *stabilitas loci*, d. h. das Kloster nicht zu verlassen. Sie hat die Regel des heiligen Benedikt verinnerlicht und die großen Gestalten der Ordens- und Kirchengeschichte studiert. Als besondere Herausforderung sah sie es an, dass man ihr die Predigten des Heiligen Ambrosius, des Bruders ihrer Namensschwester Marcellina, zum Übersetzen aus dem Lateinischen anvertraute, sowie die Übersetzung der Betrachtungen von Rodolphe Hoornaert aus dem Französischen ins Deutsche. Dadurch wuchs sie in ihrer Bedeutung unter den illustren Mitschwestern um einige Zentimeter. Ein Gast in Herstelle sagte einmal zu Mutter Theresia, auf Marcellina weisend: „… ihre große Novizin …". Diese entgegnete schlagfertig: „Groß nicht, aber lang."

Marcellina fand im Kloster Herstelle ihre Erfüllung. Sie bewegte sich unter Gleichgesinnten im Dienst des Herrn. Warum sie nach 15 harmonischen Jahren einen Wechsel ins Auge fasste, ist mir nicht bekannt. Vielleicht suchte sie nach dem Beispiel von Mutter Theresia eine Leitungsaufgabe. Nach Herstelle wollte sie jedenfalls etwas Neues versuchen. Sie hatte Lust auf

Mutter Theresia von Kloster Herstelle

Abwechslung und bat die Ordensleitung, sie für ein Jahr nach Säben zu versetzen. Das schickte sich hervorragend, es bot sich nämlich an, die Säbener Schwesterngemeinschaft – damals noch 40 Nonnen – im Chorgesang zu unterrichten. Dieser Aufgabe hat sie sich mit Begeisterung und Bravour gewidmet. Die Nonnen waren motiviert, lernten begierig und hatten nach einem Jahr intensiven Übens beachtenswerte Fortschritte vorzuweisen.

Dann kam die Zeit der Rückreise. Ein Jahr war vorbei.

In Säben stand am 8. Mai 1970 die Wahl einer neuen Äbtissin an. Bisher führte eine für fünf Jahre bestimmte Administratorin den Konvent an. Marcellina wollte das Ereignis der Wahl noch abwarten und verschob deshalb ihre Abreise.

Sie verbrachte die Zeit des Wahlvorgangs in der Bibliothek, wie sie rückblickend sagt, unruhig und aufgeregt. Nach geraumer Zeit kamen einige Schwestern zu ihr und riefen: „Sie sind unsere neue Mutter." Ihre zupackende offene Art, ihre tiefe Religiösität und große Persönlichkeit bewogen die Säbener Ordensschwestern, Marcellina zu ihrer Äbtissin zu wählen. Zum Tag ihrer feierlichen Weihe am 20. Juni 1970 kam ganz Klausen herauf, um zu gratulieren. Dieses Amt bekleidete sie in der Folge 26 Jahre lang, bis Mutter Ancilla sie 1996 ablöste.

Einkleidung von Marcellina Pustet im Kloster Herstelle

Feier zur Äbtissinnenweihe am 20. Juni 1970; von links:
Schwester Assumpta Pustet (leibliche Schwester von Marcellina),
Professor Engelhardt, Elisabeth Pustet (Mutter von Marcellina),
Äbtissin Marcellina Pustet, Bischof Joseph Gargitter, Äbtissin
Beatrix Kolck von Herstelle

Die „frischgebackene" Äbtissin von Säben, Marcellina Pustet

BENEDIKTINISCHES LEBEN UND ARBEITEN IN SÄBEN

Seit ihren Kindertagen in der Pustet-Villa war der rote Teppich einer selbstbestimmten Lebensgestaltung für Elisabeth ausgerollt. Sie hatte keine Existenzsorgen, ihr Leben war behütet und wohl geordnet. Eine Berufstätigkeit stand nie zur Debatte und für einen Eintritt ins Kloster gab es keine Anzeichen. Warum es dann trotzdem zu diesem weitreichenden Entschluss kam, dafür gab es keinerlei Hinweis.

Auf ein mögliches Berufungserlebnis angesprochen, vorsichtig, die Verweigerung einer Antwort schon erwartend, sagte sie schlicht: „Nein, so etwas gab es nicht." Ihre Ehrlichkeit wirkt befreiend. „Auch bin ich nicht fromm, wenn Sie das wissen wollen. Das Rosenkranzbeten hab' ich immer den anderen überlassen. Und mit dem Beichten hab' ich so meine Probleme gehabt." In einer unnachahmlichen Offenheit und Freiheit, die nur das Alter schenkt, spricht diese 94-jährige Frau, die mit ihren kurzen Haaren nicht an eine Nonne denken lässt, über ihr Leben hinter Klostermauern. Sie verspürte keine göttliche Sehnsucht. Manchmal geht Gott unergründliche Wege und bedient sich für uns nicht einsehbarer Mittel.

Sie holt Erlebtes, Gesagtes, Erinnertes und Verschwiegenes ans Tageslicht. Rückhaltlos überlässt sie sich der Gnade des Augenblicks, eingebunden in das Vertrauen auf den Heiligen Geist.

Mein Interesse am „Säbener Projekt" war auch, eine Äbtissin, die ihre aktive Zeit bereits hinter sich hat, die ein langes und klostertreues Leben geführt hat, zu fragen, ob sie, stets nur von Frauen umgeben, dem Feminismus etwas abgewinnen kann. Diese Thematik war für Marcellina nie ein Problem. Dass sie aber dennoch damit konfrontiert wurde, dafür spricht folgende desillusionierende Feststellung: „Die Männer machen die Gesetze und wir müssen sie halten", sagt sie in herzlicher Offenheit bei einem Interview im RAI-Sender Bozen.

Zum Tag der Frau äußerte sie sich pragmatisch: „Für mich überhaupt kein Thema. Wir zeigen uns solidarisch mit den Frauen in der ganzen Welt und treten dafür ein, dass sie aktiv werden. Manchmal fragen mich Frauenrechtlerinnen, ob sich die Mitschwestern in der vorwiegend männlichen Kirchenwelt benachteiligt fühlen. Dies muss ich entschieden verneinen."

Manchmal überkommt Mutter Marcellina während unserer Sitzungen eine gewisse Unruhe, dann klopft ihre lange, schlanke Hand mit dem Äbtissinnenring rhythmisch auf die Bettdecke. Sie erzählt von einem Leben, das seinen Höhepunkt überschritten hat, aber trotzdem voll Neugierde auf das letzte Abenteuer wartet.

Ich muss an Karl Rahner denken, der sagte, dass „wer sich im Glauben willig diesem Gottesgeist und seinen Impulsen überlässt, der leistet das Entscheidende, worauf es im Menschenleben überhaupt ankommt. Er übergibt das einzig Nennenswerte, das er besitzt, das Kostbarste, sein Leben, Gott. Er vertraut es nämlich, auf Selbstverfügung verzichtend, Gott an."

„Im Umgang mit meinen Mitschwestern hätte ich manchmal etwas nachsichtiger und konzilianter sein können", räumt sie ein. Aber ihren Führungsstil reflektiert sie nicht.

Die heutige Situation des Christentums bringt neue Fragestellungen auch im Hinblick auf das Führen und Vorstehen in Klöstern. Auch was die Topografie und Räumlichkeit von Klöstern angeht, muss in jeder Epoche und Generation neu austariert und dem Empfinden der Menschen angepasst werden.

Inspirierende Vielfalt, Verantwortung und Gespür für das Gebot der Stunde, Sachlichkeit, Objektivität und nicht zuletzt ein aus dem rechten Verständnis des Glaubens kommender Mut zur Freiheit, das sind Eigenschaften, die Marcellina in den 25 Jahren ihrer Äbtissinnenkarriere gelebt hat.

Wenn junge Frauen in einen Orden eintreten, sind sie sich bewusst, dass die Welt des Klosters mit dem Leben in der Welt nicht vergleichbar ist. Sie müssen sich den streng hierarchischen Normen unterordnen. Jede religiöse Tradition ruft in den Praktiken zu einer anderen Lebensweise auf, nicht nur zum Lesen ihrer Literatur.

Ein beredtes Beispiel für die lebendige, mitfühlende Kommunität im Kloster ist im Weihnachtsrundbrief von Marcellina aus dem Jahr 1994 zu erkennen. Um die Weihnachtszeit verschickte sie jährlich an stattliche 800 Adressen, an Freunde und Förderer oder Personen, die in einem Dienstleistungsverhältnis zum Kloster standen, ein informatives Schreiben über die Ereignisse im abgelaufenen Jahr. Im Brief von 1994 schrieb Marcellina folgende Zeilen: „Völlig überraschend traf uns dagegen im Spätherbst dieses Jahres die Entdeckung einer weit fortgeschrittenen Krebserkrankung unserer ‚erst' 66-jährigen Schwester Ehrentrudis Platter, die als naturverbundene Gärtnerin und liebevolle Refektoriumsmeisterin noch voll in ihren Pflichten stand. Nach siebenwöchiger Leidenszeit erlosch ihr Leben, das in uns viele – auch heitere – Erinnerungen zurücklässt, vor allem das charakteristische Bild ihres hintergründigen Lächelns, mit dem sie auch in argen Situationen die Dinge dieser Welt zu durchschauen schien.

Junges Leben im Gästehaus des Klosters

*Schwester Raffaela bei der Kartoffelernte
im Kloster*

Schwester Andrea bei der Apfelernte im Klostergarten

Der idyllisch gelegene Gemüsegarten – Schwester Ingenuina bei der Ernte

1928 in Riffian geboren, entfaltete sie als junge Lehrerin zunächst ein Feuerwerk von Begabungen, ging dann aber zum Erstaunen ihrer Familie und ihrer Bekannten mit 21 Jahren ‚frohlockend' auf den Säbener Berg, ‚Christus dem König entgegen', wie sie damals einer Vertrauten schrieb. Und es war der Morgen des Christkönigssonntags, der 20. November, an dem sie nun endgültig dem König der Ewigkeit entgegenlief. Eines ihrer letzten klar vernehmlichen Worte vor ihrem Sterben war: Weihnachten – Christ der Retter ist da – eine große Kraft – wir werden sehen, was es bedeutet. Durch das Kreuz erlöst, darf sie jetzt sehen.'" Durch das Säbener Kreuz, weit sichtbar ins Eisacktal hinunter, zum Lebensbaum geworden für Ehrentrudis Plattner, ist sie vom Glauben zum Schauen gekommen.

Um Weihnachten bedachte Mutter Marcellina alle, die mit dem Kloster verbunden waren oder Hand- und Spanndienste leisteten, mit Geschenken. Othmar Gasser, der Sohn des Schaffers (Hausmeister), berichtet, dass er und seine Geschwister mit wertvollen Atlanten oder kindergerechten Lehrbüchern in allen naturwissenschaftlichen Fächern ausgestattet wurden. Sie warteten begierig auf Weihnachten, stürzten sich auf die Bücher, die ihnen sonst damals nicht zugänglich gewesen wären. Dadurch hatten sie in der Schule einen deutlichen Wissensvorsprung. Alle haben sie später studiert.

Auf meine Frage nach dem schlimmsten Ereignis im Kloster erzählt mir Marcellina von einem tragischen Unglücksfall: Um die bevorstehende 300-Jahr-Feier gebührend zu begehen, musste im Haus und Garten alles sauber gemacht und hergerichtet werden. Der 16-jährige Dietmar wollte den Nonnen helfen, von denen zwei seine Großtanten waren. Arbeiten mit dem Traktor, obwohl nicht dafür ausgebildet, war seine Leidenschaft. Im steil abfallenden Klostergarten geschah das Unglück. Schwester Jacinta hörte plötzlich Hupen und lautes Schreien. „Ein Mann ist über die Mauer gekippt, der Bulldog auf ihn drauf!" Als die Äbtissin gelaufen kam, tuckerte der Traktor noch auf der Brust des toten Dietmar. Ein in der Abtei anwesender Priester spendete die Sterbesakramente. Dann nahm ein Helikopter den Verunglückten mit ins Tal.

Marcellina war nahe am Menschen und hat das auch gezeigt. Für die Leute im Tal war sie eine große, freundliche Dame aus dem Norden, die keine Angst davor hatte, Menschen zu berühren oder in den Arm zu nehmen. „Die Klausener haben mich oft lieber gehabt als meine Mitschwestern", gesteht sie freimütig. Sie scheute sich auch nicht, wenn Heuernte war, mit den Novizinnen die Schuhe auszuziehen und barfuß zu helfen. Ihre Nonnen in schweren Stiefeln und Wollsocken sahen das oft mit Argwohn.

M. Marcellina nutzte den Spielraum der Freiheit, den ihr das monastische Leben und die Teilhabe an der modernen Zeit schenkte. „Nach heutigem Empfinden sind es nicht die materiellen Gitter und Schlösser, die die Würde der Frau schützen und unantastbar machen. Das Konzil hat die Verantwortung dafür in das vom Gewissen geleitete Ermessen der jeweiligen Gemeinschaft und der Oberin gegeben. Schwestern in der Öffentlichkeit sind heute kein ungewohntes Bild mehr."

Die „Freiheit" im Kloster erlebte sie als Gestaltungsfreiheit zwischen Chance und Risiko. Wichtig war ihr, Dinge zuzulassen, die nicht vorgesehen waren. Als eine der ersten Ordensfrau wandte sich Mutter Marcellina über die Medien („RAI-Sender Bozen" – Worte zum Nachdenken, „Katholisches Sonntagsblatt") an die Bevölkerung des Landes.

Im Sinne der Regel des Heiligen Benedikt erschöpfte sich die Gastfreundschaft in Säben nicht „in einem warmen Essen und einem sicheren Hafen. Gastfreundschaft in der benediktinischen Gemeinschaft bedeutete, die Bedürfnisse der anderen zu beachten und zu berücksichtigen. Gastfreundschaft war eine offizielle Einrichtung mit dem Ziel, Körper, Seele und Geist des anderen zu stärken." Mutter Marcellina hat das Kloster für Feriengäste geöffnet – „Kloster auf Zeit" –, für all jene, die vom Alltag abschalten möchten. „Sie suchen vor allem einen Urlaub für Leib und Seele", erklärte Mutter Marcellina Pustet in einem Interview aus dem Jahr 1994. In einem unterscheiden sich die Klostergäste aber nicht von den Tausenden anderen Urlaubern in Südtirol: Sie wählen vor allem wegen der Schönheit der Landschaft das Kloster oberhalb von Klausen zu ihrem Urlaubsziel, so die damalige Äbtissin. Die Urlauberlawine losgetreten hatte ein Film des Bayerischen Rundfunks über Säben zu Beginn der 1990er-Jahre, der in Deutschland ausgestrahlt wurde. „Wir bekamen daraufhin Hunderte von Zuschriften", erzählt die Äbtissin.

Die Teilnahme am klösterlichen religiösen Leben war für die Hausgäste keineswegs Pflicht. Niemand musste während seines Urlaubes einen Fuß in die Klosterkirche setzen. „Zum Teil nahmen die Gäste aber mit viel Begeisterung an unseren Gebetszeiten teil", erinnert sich Mutter Marcellina.

Der Gästegarten war für viele Besucher eine Ruheinsel im Kloster. Alte, zum Teil mit Efeu bewachsene Klostermauern, bunte Blumenbeete, teppichartige Rasen und ein Pavillon, von dem man einen wunderbaren Blick auf das Thinnetal genießt, verleihen dem Garten fast etwas Paradiesisches. Die Feriengäste hielten sich vor allem am Abend hier auf. Bei einem gemeinsamen Plausch lernte man sich kennen, es wurde oft gesungen und man vertrieb sich die Zeit mit Gesellschaftsspielen. Die Stühle im Fernsehraum blieben hingegen fast immer leer. Viele Urlauber beteiligten sich auch an der Landwirtschaft des Klosters. Diese körperliche Arbeit war für die Gäste eine besondere Art der Erholung, für die wenigen Ordensfrauen eine wertvolle Hilfe. Seit einigen Jahren ist die gesamte Landwirtschaft mittlerweile verpachtet.

So hat sich der Gästebetrieb – neben den wirtschaftlichen Erträgen der klostereigenen Landwirtschaft – zu einer wichtigen Einnahmequelle entwickelt. „Die Einnahmen sind aber nicht großartig gewesen", schränkt die Altäbtissin ein.

Nicht viele Südtiroler haben den steilen Weg über den Felsen zum Kloster hinaufgefunden, um sich dort ein paar Urlaubstage zu gönnen. „Ich hätte große Freude daran gehabt, wenn mehr Südtiroler zu uns gekommen wären."

GESAGTES UND VERSCHWIEGENES

Über ihre Mitschwestern lächelt Mutter Marcellina, wenn sie das Armutsgelübde so weit treiben, dass sie sich ihre schwarzen Strickjacken immer und immer wieder flicken, obwohl noch unzählige, zwar nicht mehr ganz der aktuellen Mode entsprechende, aber intakte, in den Schränken liegen. „Das ist nicht der Weg zum Himmel", reflektiert sie. „Was ist Armut?" Sich arm machen vor Gott, sich leer machen. Wer arm ist, vertraut nicht auf sich selbst, er kann Gottes Hilfe erfahren. Glauben heißt, seine Hilfe annehmen, sich tragen lassen, auf Gott sein Vertrauen setzen. Alles um uns ist ungewiss. Was morgen sein wird, wissen wir nicht. Jetzt aber, heute, werden wir hinein genommen in die Gemeinschaft mit unserem Herrn.

Zur Jahrtausendwende, am Anfang des neuen Jahres sprach sie zur Jugend Südtirols. „Liebe junge Leute! Wir Alten sollen euch unsere Wünsche sagen, die Wünsche an euch und für euch, wenn wir nun die Schwelle in ein neues Jahrtausend überschreiten. Bald werden wir nicht mehr an eurer Seite sein, sondern den Weg gehen, in die ganz andere Welt ‚jenseits', von der wir vorerst noch wenig Vorstellung haben. Aber auch euer eigener Weg über diese Erde ist noch nicht präzise vorauszuzeichnen. In der Hoffnung, dass er weder ins Über- noch ins Untermenschliche führt, wünschen wir euch auf alle Fälle, gute, voll erfüllte, glückliche Menschen zu werden. Ich möchte euch dazu besonders die Gabe der Freundschaft wünschen: dass ihr immer jemand habt, dem ihr vertrauen könnt, der euch ein Stück weiterhilft, und dass ihr selber anderen Menschen Lebensmut und Zuversicht schenken könnt. Die alte Ordensfrau möchte euch sagen, dass ich neben manch wertvoller

Freundschaft im Leben den besten Freund in Jesus Christus gefunden habe. Er hat mich nicht enttäuscht, und ich hoffe, ihn bald von Angesicht kennenzulernen. Dann werde ich ihm alle Wünsche für euch ans Herz legen."
Schwester Marcellina Pustet, Kloster Säben

„Mit den Novizinnen hab' ich mir die größte Mühe gegeben, aber alle sind sie mir weggelaufen, bis auf eine", und meint ihre Nachfolgerin im Amt Mutter Ancilla Hohenegger. Ich kann mir die beiden schwarz gekleideten Klosterschwestern unterschiedlicher nicht vorstellen: Die körperlich große Marcellina, die Erscheinung, die nach eigenen Angaben ihren Namen vom Kriegsgott Mars geliehen hat, aus dem Norden kommend, und die zarte Ancilla mit ihrer hellen Stimme. Sie ist eine Südtirolerin und kommt aus dem Vinschgau. Früher war sie Kindergärtnerin und ist im Kloster eine Einheimische. Beide müssen sie aneinander Gefallen gefunden haben. Heute sind die Rollen freilich vertauscht. Die pflegebedürftige Marcellina ist auf die Präsenz, die Zuwendung und Hilfe ihrer Nachfolgerin angewiesen. Jetzt ist sie die Chefin. Neben der professionellen Pflegekraft, die ein paar Mal die Woche aus dem Tal heraufkommt, betreut sie Ancilla liebevoll, liest ihre E-Mails vor, bringt ihr das Essen, wäscht sie, setzt ihr eine schwarze Pudelmütze auf, wenn sie das Fenster zum Lüften öffnet und ist ihr Ansprechpartner in allen Belangen.
Mutter Marcellina ist 1996 als Äbtissin zurückgetreten und hat damit Mutter Ancilla den Weg freigemacht. Freilich musste diese erst in den großen Schuhen ihrer Vorgängerin laufen lernen. Nun hat sie auch schon 21 Jahre im Äbtissinnendienst

Äbtissin Ancilla und Äbtissin Marcellina

Sie darf die Hände in den Schoß legen,
Marcellina Pustet, 2013

Äbtissin Ancilla und Altäbtissin Marcellina, 2013

auf dem Buckel, agiert autonom, und die Erfahrungen im und
für das Kloster haben sie gestählt.

Die Öffnung des Klosters nach außen, die Belegung des
Gästehauses hat nachgelassen. Für die kleine Gemeinschaft
ist manches nicht mehr zu leisten. So zieht man sich im ab-
geschlossenen Kloster noch mehr zurück, Tagesgäste oder
Touristen hält man sich vom Leib, Krankheit und die Nöte des
Alters machen der klein gewordenen Kommunität zu schaffen.
Geldsorgen gab es immer.

MARCELLINA,
DIE FELSENFESTE

Mutter Marcellina war immer der Tradition verpflichtet, der Weitergabe von Empfangenem. Wie schon Mathias Jenner sieht sie ihren Auftrag darin, das Evangelium vom Berg aus in die Welt zu tragen. Das Feuer, das von den Anfängen des Christentums an auf diesem Gesteinsgipfel brannte, sollte nie verlöschen.

Sie war aber auch offen für Reformen. So hat sie z. B. das Stundengebet in deutscher Sprache eingeführt, lange bevor es in Rom genehmigt war. Sie wollte nicht, dass getrennt gebetet wird. Alle, auch die Schwestern aus den Bergtälern Südtirols sollten verstehen, was sie beten.

Mit ihren 94 Jahren hat sie noch die aktuelle Entwicklung der Kirche im Blick und freut sich auf die neue Bibelübersetzung, die ich ihr druckfrisch aus dem heimatlichen Pustet-Verlag mitbringe. Ohne Wandel kann die Kirche nicht lebendig bleiben.

Bei einem Interview mit Walther Dorfmann, einem Journalisten der Tageszeitung „Dolomiten", formuliert sie ihr erstes und wichtigstes Anliegen: „Das Kloster soll leben." Wohl wissend, dass bei einer ständig kleiner werdenden Gemeinschaft das Überleben nicht gesichert ist. Trotzdem ist sie beseelt von einem ungeheuren Vertrauen. Der Psalm: „Du Herr, bist mir Fels und Feste" (Ps 71,3), Mutter Marcellinas Begleitwort zur Äbtissinnenweihe, ist ihr zum Lebensmotto geworden.

Meine ein wenig spirituell gemeinte Frage nach der Flamme, die sie bis zu ihrem Ableben weitertragen würde, ihre Lebensbestimmung, ihr Ziel im Sinne ihres Amtes in der Kirche, lässt sie kalt. Sie hat keine Vision, das unverrückbare Vertrauen auf Gott lässt sie ruhig schlafen und bestimmt ihr Leben. Die Erfüllung der Hoffnung auf das letzte Versprechen übersteigt

den weltlichen Horizont und gründet in einer Gemeinschaft mit Gott.

Auf dem Säbener Felsen aus Diorit, zehnmal stärker als Granit, hat vor 330 Jahren der Klausner Mathias Jenner mit großem Enthusiasmus, Fleiß, einer Portion Sturheit, auch gelegentlicher Selbstüberschätzung und seinem Privatvermögen das Nonnenkloster auf den Ruinen des ausgebrannten Bischofspalastes aufgebaut. Damals waren es gerade einmal fünf Nonnen, die vom Nonnberg bei Salzburg herübergewechselt sind, zwei davon seine Basen. Sie hatten eine schlechte Zeit. Kein Wasser, der Bau noch unfertig, nur eine einzige Wärmekammer. Der Winter war eine Katastrophe. Heute sind es just wieder fünf Nonnen. Das Haus ist komfortabler, es gibt eine Heizung und eine Wasserversorgung von Pardell herüber. Aber bei allem Vertrauen auf den Heiligen Geist ist die aktuelle Situation in Säben doch alles andere als rosig. Aber die Hoffnung auf ein Wunder bleibt bestehen.

Ihr Leben lang hat Marcellina Kraft, Mut und Durchsetzungsvermögen an den Tag gelegt, wenn es um das Wohl ihres Klosters ging. Bei Niederlagen, die auch im Ordensleben nicht ausbleiben, legte sie eine ihr eigene Beharrlichkeit an den Tag.

Festrede von Marcellina Pustet anlässlich
der 300-Jahr-Feier im Jahr 1986

Sie hatte es sich zum Prinzip ihres Handelns gemacht, mit versöhntem Herzen zu kämpfen. Denn eine Kämpferin ist sie ohne Zweifel, geprägt vom europäischen Geist, traditionsbewusst und doch offen für die demokratische Idee. Sie hat sehr wohl erkannt, nicht *wie werden* wir leben im Kloster Säben, sondern *wie wollen* wir leben im Kloster Säben.

Ähnlich wie einst Mathias Jenner zeichnet sie ein nüchternes, konstantes, unspektakuläres, aber beständiges Engagement aus. Wöchentlich hat sie ihre Schwestern zu einer Konferenz eingeladen. Aber gerade die älteren unter ihnen haben sich durch die Beteiligung mit den Novizinnen zurückgesetzt gefühlt und sind demonstrativ eingeschlafen. Das hat die Äbtissin aber nicht davon abgehalten, immer wieder eine Konferenz einzuberufen. „Vergiften wollten sie mich nicht gerade, wie seinerzeit den Heiligen Benedikt", gesteht sie, „aber anerkannt haben mich nicht alle."

Ihr Verdienst ist es, dass es 1974 zur Angliederung an die Beuroner Kongregation kam, dass es 1991 neue Dächer für die Klosteranlage gab. 4000 Quadratmeter Dachfläche, alle Dachrinnen, Zulaufbleche und Kamine wurden erneuert, unter der strengen Überwachung des Denkmalamtes. Nach außen wurde die Fassade renoviert, aber auch nach innen wurde am Kloster weitergebaut.

Zum 300-jährigen Bestehen wurde 1986 eine neue Orgel vom Land gestiftet und eingebaut. Der bekannte Orgelbauer Paolo Ciresa hat sie mit einem Konzert eingeweiht.

Auch wurde zu diesem Anlass mit großem Aufwand ein Personenaufzug in den Felsen gesprengt, der einen großen Segen für die Nonnen darstellt.

300-Jahr-Feier des Klosters 1986, von links nach rechts: Bürgermeister Heinrich Gasser, Bischof Wilhelm Egger, Äbtissin Marcellina Pustet, Landeshauptmann Silvius Magnago

KLOSTER SÄBEN HEUTE

Heute ist Marcellina Pustet alt und weise geworden und groß-
zügig bei menschlichen Schwächen. Ich meine, es fällt ihr nun
leicht, im Gottes Angesicht zu leben und mit seiner Kraft auch
ein reduziertes, bettlägeriges Dasein anzunehmen. Das Kloster
wird zum Ort, wo Liebe und Tod eng nebeneinanderliegen.
Für den Archäologen Hans Nothdurfter war die Äbtissin eine
„blendende Außenministerin". Sie hat zugestimmt, dass er fünf
Jahre lang auf dem Klostergelände graben und während der
Woche im Gästehaus wohnen konnte. Wenn nötig durfte er
auch die strenge Klausur betreten. Die Studenten und Mitarbeiter waren im sog. Herrenturm untergebracht. Strom und
Wasser standen zur Verfügung. Seine wissenschaftliche Gra-
bung und Forschung hat Spektakuläres zutage gebracht und
die Geschichte Südtirols neu geschrieben.
Er erzählt, dass eines Nachmittags seine Arbeiter im Obstgarten,
von wo man einen herrlichen Blick über das jäh abfallende
Tinnebachtal hinüber ins gegenüberliegende Dorf Villanders
hat, den Schwestern bei der Ernte halfen. Die Gartenschwester
bekam ganz traurige Augen und berichtete: Ihre Mutter war
soeben verstorben. Sie bat die damalige Äbtissin, zur Beerdigung
in ihr Heimatdorf Villanders gehen zu dürfen. Mit dem Hinweis
auf die *stabilitas loci* hat man ihr den Wunsch verweigert. So
blieb ihr gar nichts anderes übrig, als weinend vom Obstgarten
aus nach Villanders hinüberzuschauen, wo sich der Leichenzug
mit dem Sarg der Mutter auf den Friedhof zubewegte. Solche
Härten im Klosteralltag hat es unter M. Marcellina nicht mehr
gegeben.
Die Bürgermeisterin von Klausen, Frau Gasser Fink, spricht voll
Hochachtung von Mutter Marcellinas Lebensleistung. Trotz

aller Widerstände richtete sie auf dem Klostergelände, dem ehemaligen Ökonomiegebäude, ein Therapiezentrum für Drogenabhängige ein. Was allerdings nach Marcellinas eigenen Worten „hundertprozentig schiefgegangen ist".

Sie war eine kluge Verwalterin der Güter, sie war kommunikativ, innovativ und hatte eine charismatische Ausstrahlung. Sie vertraute darauf, dass Gott mit ihr geht, und dass ihre Aufgabe heilig ist.

Klausen hat ihr 2006 als erster Frau für ihre Verdienste die Ehrenbürgerwürde verliehen. „Aufgeschlossenheit, Hilfsbereitschaft und Bedachtsamkeit prägen ihr Wirken auf Säben, das der Zeit entsprechend als spirituelles Zentrum benediktinischen Lebens erblüht. Bereits im Leitspruch zur Äbtissinenweihe kommt ihr tiefer Sinn für Menschlichkeit zum Ausdruck, der sich in vielen Jahren ihres fruchtbaren Schaffens in so mannigfaltiger Weise geoffenbart und ihr in der Begegnung mit den Menschen eine so hohe Wertschätzung eingebracht hat", steht in der Urkunde geschrieben.

Walther Dorfmann schreibt zu diesem Anlass in der örtlichen Zeitung Clausa 6: „Ihr gelang es im Sinne der nachkonziliären Zeit, das Kloster nach außen hin mehr zu öffnen und neue Akzente zu setzen. Einkehrtage wurden abgehalten, es gab Meditationstage, religiöse Diskussionen vor allem mit Jugendgruppen, Modellversuche mit ‚Kloster auf Zeit' und andere. 1992 erschien ein Buch über Säben mit Beiträgen namhafter Autoren. Der Beitrag von Äbtissin Marcellina gibt tiefe Einblicke in die Klosterwelt der letzten Jahrzehnte." Die Jahrhunderte alte Traditionswallfahrt auf den Heiligen Berg lag ihr sehr am Herzen.

*Verleihung der Ehrenbürgerschaft in Klausen, hinten links
Magdalena Schwellensattl, Moderatorin, von links nach
rechts: Äbtissin Ancilla, Mutter Marcellina Pustet, Ingrid
Kusstatscher, Pianistin, Bürgermeisterin Maria Gasser-Fink*

WALLFAHRTEN

Die alle drei Jahre stattfindende Wallfahrt der Ladiner aus dem Gadertal, zur Heilig-Kreuz-Kirche auf Säben, ist eine reine Männerwallfahrt und dürfte ihren Ursprung noch vor dem Jahr 1500 haben. Man betete für eine gute Ernte. Und tatsächlich soll immer im Wallfahrtsjahr die Ernte besonders gut ausgefallen sein.

Das imposante Kruzifix in der Kirche stammt aus der Mitte des 15. Jahrhunderts und wird dem Meister Leonhard von Brixen zugeschrieben. Die Männer ziehen mit der Hl. Kreuzfahne voraus aus den Bergtälern Südtirols, aus 12 Gadertaler Pfarreien, drei Tage lang betend und singend bis zum Heiligen Berg. Dort wird das Messopfer gefeiert. Oft schließt sich der Diözesanbischof in Klausen dem langen Zug an.

Aber nicht nur die traditionsbewussten Ladiner machen sich auf nach Säben:

Zu einer Nachtwallfahrt mit brennenden Kerzen waren 1989 ca. 900 Männer unterwegs. Die Freiwillige Feuerwehr sicherte alle Straßenübergänge. Der Katholische Lehrerbund Nord- und Südtirols pilgert einmal im Jahr mit ca. 400 Personen zur Heilig-Kreuz-Kirche. 350 Teilnehmer waren es bei einer Wallfahrt der Sakramentenkatecheten. Am 12. April 1986 marschierten sie in frostigem Wind und bei Schneetreiben hinauf. Die Katholische Frauenbewegung im Dekanat Klausen pilgerte im Jahr 2003 zum ersten Mal unter dem Motto „Der Liebe Gottes sicher sein". Die Frauen von Eggen machten sich zum Weltgebetstag der Frauen nach Säben auf den Weg. 1980 gingen 50 Wallfahrer nach Säben, um für Drogensüchtige und deren Angehörige zu beten. Im Jahr 1989 ging der Bischof mit den Jugendlichen in einer Lichterprozession zur Kreuzkirche und erklärte ihnen den

Sinn der Wallfahrt: „Sich auf Wallfahrt zu begeben, bedeutet, sich auf den Weg der Erneuerung und Vertiefung des Glaubens zu machen. Gemeinsam! Wallfahrt ist ein Symbol der Kirche, die sich ständig auf Wanderschaft befindet, wie das Volk Israel in der Wüste. Nehmt auf euren Weg die anderen mit ins dritte Jahrtausend!"

Für Mutter Marcellina und ihre Schwestern war es immer eine Freude und Ehre, die Pilger mit Wasser und vorbereiteten Sträußchen aus Buchsbaum und Rosen zu versorgen.
Traditionsgemäß werden die begleitenden Priester, die Organisatoren und die ältesten Wallfahrer ins Kloster zu einer Marende (Brotzeit) eingeladen.

Die Wallfahrer haben bereits die Zinnenmauer erreicht.

Die Ladiner kommen aus allen Tälern zusammen.

Feierliche Wallfahrtsmesse in der
Hl.-Kreuz-Kirche

PROFESS-
ERNEUERUNG
IM BETT

Heute ist Sonntag. Ich mache mich auf den Weg nach Säben. Vom Tal herauf rauscht die stark befahrene Autobahn. Diesmal komme ich nicht zum Gespräch mit der Altäbtissin, denn gleich zu Beginn hat sie apodiktisch festgelegt: „Am Sonntag wird nicht gearbeitet. Heute will ich die Messe in der Klosterkirche besuchen."

Es ist früh am Morgen. Der Schlern hüllt sein Haupt in Wattewolken. Das Gittertor der Klosterkirche ist aufgesperrt, ich kann zur Kirche direkt durchgehen. Ein Franziskaner aus Brixen hält die Messe. Er spricht vom kleinen Häufchen, das bei Jesus geblieben ist und bezieht es auf die fünf Personen, die an diesem Sonntag um den Altar versammelt sind, drei davon Benediktinerinnen.

Bei den Fürbitten geht Mutter Ancilla ans Pult und betet für Mutter Marcellina, die am heutigen Tag den 62. Jahrestag ihrer Profess feiert. Nach dem Gottesdienst bittet mich Mutter Ancilla, eine brennende Kerze in der Hand, ihr zu folgen. Wir gehen in Marcellinas Krankenzimmer. Sr. Elisabeth kommt auch dazu. Am Fußende des Bettes singt Mutter Ancilla einen Versus aus dem Psalm 119, den schon der Heilige Benedikt für die Zeremonie der Profess vorgesehen hat: „Suscipe me, Domine, secundum eloquium tuum et vivam; et non confundas me ab exspectatione mea." (Nimm mich auf, Herr, nach Deinem Wort, und ich werde leben; lass mich nicht zuschanden werden in meinem Hoffen.) Sie singt wie ein Engel. Die Jubilarin breitet beide Arme über dem Kopfkissen aus, bekommt große, strahlende Augen. Eine tiefe Seligkeit spricht aus ihrem schönen Gesicht. Ich bin ob dieser Segensgeste, diesem rituellen Hymnus ganz erschüttert. Meine Emotionen lassen sich nicht zurückhalten. So etwas Schönes hab' ich noch nie erlebt. Später erzählt Mutter Ancilla, dass Marcellina sich diesen Text auf ihrem Sterbebildchen wünscht.

Beim nach Hause gehen denke ich mir, wie beglückend, wie erhebend und vertrauensvoll die Kirche mit ihren Kindern umgeht.

Psalm 119 aus dem Säbener Notenblatt

Súscipe me, Dómine, secúndum elóquium tuum

et vi - vam; et non confúndas me ab

exspecta - ti - óne me - a.

Nimm mich auf, Herr, nach deinem Wort, und ich werde le- ben; laß mich nicht zuschanden werden in meinem Hoffen.

50 Jahre Profess von Marcellina Pustet

DAS KLOSTER SÄBEN

BLICK ZURÜCK
NACH VORN

Säben war und ist ein Ort Südtiroler Identität. Deshalb wäre es eine Tragik, wenn es in das europaweite Klostersterben hineingezogen würde. Immer, wenn ein Kloster aufgegeben wird, ist das ein schmerzlicher Prozess. Wohin die weitere Entwicklung führt, ist noch nicht abzusehen. Manchmal keimt Hoffnung auf, wenn es klösterlichen Gemeinschaften gelingt, aus der gelebten Kraft des Evangeliums heraus, im spirituellen Geist von Ostern, kreativ und mutig ihrer Sendung zu folgen.

Das fehlende Interesse an der Kirche, die vielen Kirchenaustritte, die Klosterauflösungen, die Verunsicherungen und Zweifel sind schmerzlich, können aber auch Aufbruch zu einem Wandel sein. Heute im Hier und Jetzt will die Frohe Botschaft gelebt werden. Das gemeinsame Haus muss bewohnbar sein für alle, die Gott suchen. Für das Kloster wäre das eine Chance.

Die Frauen, die heute in eine Kommunität eintreten, sind vielfach nicht mehr jung, sie haben Erfahrung im Berufsleben, Studium oder in Lebenspraxis gesammelt. Diese Mitgift kann im Klosteralltag reiche Frucht bringen. Eine neue Orientierung tut Not. Der Mut zu Risiko bleibt.

In der Kirche kündigt sich ein Aufbruch an, warum nicht auch im Kloster? Christus hat nicht gesagt: „Leg deine Hände in den Schoß und warte ab!" Er hat gesagt: „Geht hinaus, scheut den Dialog nicht! Die Kräfte werden euch wachsen. Und alles andere wird euch dazugegeben." Werte, die wir der Tradition und Geschichte verdanken, wollen wir auf keinen Fall zur Seite schieben. Auf diesem Fundament stehen wir. Aber wir müssen einen Neubeginn wagen, und bei Widerständen und Abstürzen immer wieder von vorn anfangen.

Im Refektorium …

In den Frauenorden stehen die Zeichen der Zeit leider auf „Verschwinden", wie die Statistiken in Deutschland und Österreich von 2015 und 2016 beweisen: „Zum 31.12.2015 lebten in Deutschland 16.688 Ordensfrauen, von denen 93 Prozent zu apostolischen Gemeinschaften gehörten. 908 Ordensfrauen starben 2015 in Deutschland, 51 Mitglieder traten aus. Unter 65 Jahre alt waren zum Stichtag rund 16 Prozent, über 65 Jahre rund 84 Prozent. Es gab bundesweit 74 Novizinnen, davon 51 in tätigen und 23 in kontemplativen Gemeinschaften."

Ähnlich präsentierte sich zum 1.1.2016 die Situation der österreichischen Frauenorden: „Die Altersverteilung: 4 Prozent (das sind 147 Frauen) sind bis 40 Jahre alt, 18 Prozent (das sind 657 Frauen) sind bis 65 Jahre alt und 55 Prozent (das sind 1992 Frauen) sind über 75 Jahre alt. Die zurückgehenden Mitgliederzahlen und die auf den Kopf gestellte Alterspyramide bringen den betreffenden Frauenkongregationen enorme Herausforderungen."

Ein starres „weiter so" kann es jedenfalls nicht geben.

Überalterung, ausbleibende Eintritte oder Austritte langjähriger Mitglieder, fordern die Gemeinschaften heraus, ihre Identität und Sendung neu zu formulieren bzw. in praktisches Handeln zu übersetzen."

Gesamtansicht der Klosteranlage von Säben

ALLES SCHON
MAL DAGEWESEN

Bereits im Jahr 1822, als das Dekanat Klausen noch zur Diözese Trient gehörte, stand das Kloster wirtschaftlich schlecht da, und eine Auflösung war nur eine Frage der Zeit. Man dachte über Veränderungen im Kloster nach und wollte die strenge Klausur etwas öffnen, um sich wie die Englischen Fräulein den gesellschaftlichen Gegebenheiten anzupassen, um eventuell wieder Novizinnen zu bekommen.

Die Säbener Nonnen waren also bereit, ihren abgeschiedenen Hort für die Welt aufzumachen, ihr nahezu eineinhalb Jahrhunderte lang praktiziertes Gleichgewicht infrage zu stellen und gleichsam „aufzufrieren", um bei den neuen gesellschaftlichen Gegebenheiten überleben und wieder wachsen zu können.

Die Schwestern waren sich klar, dass sie zum Nutzen des Staates zwar nichts beitragen, dass sie aber Träger und Bewahrerinnen des Säbener Kulturdenkmals waren und durch ihr Gebet eine Existenzberechtigung hätten. In diesem Sinne äußert sich Äbtissin Ancilla 2016 in einem Interview von Maria Gall Prader für die Zeitschrift „Clausa": „Sollte Säben als Kloster für die Südtiroler wichtig sein, dann insofern, dass wir den Glauben durch das Gebet und die liturgische Feier erhalten. Wir sind Glaubenszeugen ... Wir breiten unsere Gebetsflügel über die Stadt aus."

Im 19. Jahrhundert wurden verschiedene Pläne diskutiert und wieder verworfen. Nach dem Modell der Englischen Fräulein wollte man auf dem Berg eine Schule einrichten. Aber die abseitige Lage, die Hitze im Sommer, die Eiseskälte im Winter waren für die Ablehnung ausschlaggebend. Ein weiterer Plan sah vor, die Nonnen nach Klausen zum Schulehalten zu holen, und der Felsen sollte ein Aufbewahrungsort für Sträflinge und Unterkunft für Verwaltung und Aufsichtspersonal werden.

Am 25. August 1825 wurde unter der Leitung der Priorin eine Handarbeitsschule für Mädchen eröffnet, jenseits der Schulpflicht. Prüfungen in dem von ihnen gelehrten Fach konnten die Nonnen nicht aufweisen. „Der Zuspruch von Mädchen der umliegenden Dörfer war sofort sehr gut, und im ersten Jahr konnte die Schule 24 Näh-Strickschülerinnen und vier Singschülerinnen aufweisen und so den positiven Nutzen des Klosters für das Gemeinwohl klar unter Beweis stellen. Dem folgte auch die Zunahme von Einkleidungen: In den folgenden zehn Jahren kam es zur Aufnahme von zwanzig Kandidatinnen, wodurch sich allerdings die Zahl der Chorfrauen nicht merklich vergrößerte, weil im gleichen Zeitraum auch 16 der 1824 auf Säben lebenden und bereits recht betagten 23 Frauen starben.

Schwester Iacinta pflegt die alte Tradition der Paramentenstickerei.

Trotzdem bewiesen diese Neuaufnahmen, dass die Zeit der Krise vorüber war und der Neubeginn, der sich zu gutem Teil auch der Industrieschule auf Säben verdankte, geschafft war. Ein spirituelles Zeichen dafür schien auch, dass ab Fronleichnam 1828 wieder das ganze Brevier, also alle Gebetszeiten des gemeinsamen Chorgebets, gebetet wurde, anstatt des mehr auf private Gebetsstunden angelegten Marianischen Officiums. Dies war zur

Zeit der Zerstreuung 1809 und auch in den folgenden Jahren „wegen Gebrechlichkeit und Mangel an Chorfrauen nicht mehr möglich gewesen."

Die Liegenschaften des Klosters gab man wieder zurück, wodurch die Nonnen wirtschaftlich selbstständiger wurden.

„1841 lebten 28 Nonnen auf Säben, davon elf Chorfrauen, sieben Novizinnen und zehn Laienschwestern. Dies mag auf den ersten Blick, gemessen an der Konventsgröße des Jahres 1824 mit 23 Nonnen, als kein besonders großer Fortschritt erscheinen. Ein anderer Aspekt beweist jedoch, dass die Krise nachhaltig überwunden war.

Gegen Ende des 19. Jahrhunderts hatte sich das Kloster soweit wieder erholt und wirtschaftlich stabilisiert, dass es erneut zur Abtei erhoben werden konnte. Jetzt wohnten an die 90 Nonnen und Laienschwestern innerhalb der Klausur. Es folgte eine Blütezeit, man tauschte sich mit Schwesterabteien aus und schickte Ordensfrauen zum Erlernen der Paramentenstickerei nach Prag. Allerdings hinterließ die Weltwirtschaftskrise deutiche Spuren, es ging das gesamte Kapital verloren.

Erst nach dem Zweiten Weltkrieg konnte sich das Kloster wieder erholen.

Als Äbtissin Marcellina ihr Amt im Jahre 1970 antrat, bestand der Konvent aus 40 Nonnen.

ZUR CHRONIK VON SÄBEN

Genaue Aussagen über das Benediktinerinnenkloster Säben, die kontinuierliche Belegung und Zahl der in Säben aufgenommenen Nonnen, deren Alltag und Weihen liefert die umfangreiche, kostbare Chronik von Säben. Sie ist das einzig Wertvolle, das vom einstigen Klosterschatz nach den Napoleonischen Kriegswirren erhalten geblieben ist. Der schöne Saphirring der ersten Äbtissin, der auf die Nachfolgerinnen überging, ebenso wie der silberne Hirtenstab, ein Geschenk von Nonnberg, sind verloren gegangen. Die Historikerin Ingrid Facchinelli hat das gut erhaltene dreibändige, in Leder gebundene Werk wissenschaftlich untersucht und wird eine kritische Edition der Öffentlichkeit vorlegen. Sie ist auch die Archivarin des Klosterarchivs von Säben.

Die Nonnen im Kloster Säben leben nach der Ordensregel des heiligen Benedikt in strenger Klausur. Ihr Leitspruch, ihre Identifikation, heißt: „Ora, labora et lege". Trotzdem gibt es Ausnahmen und Abweichungen im Alltag des geregelten, klösterlichen Ablaufs. „Solche Regelwerke sind nicht als starre Normen zu verstehen, die ohne jegliche Flexibilität den Klosteralltag bestimmen sollten, sondern sie stellen ein Rahmenwerk des klösterlichen Lebens dar, welches flexibel und der Zeit gemäß angewandt und bisweilen auch übergangen oder den zeitlichen Gegebenheiten entsprechend verändert bzw. angepasst wurde. Die Umsetzung der Regeln und Gewohnheiten, wie sie in den Satzungen vorgeschrieben sind, sowie deren Neuinterpretation oder Anwendung wie auch deren Veränderungen werden anhand der Chronikberichte nachvollziehbar."

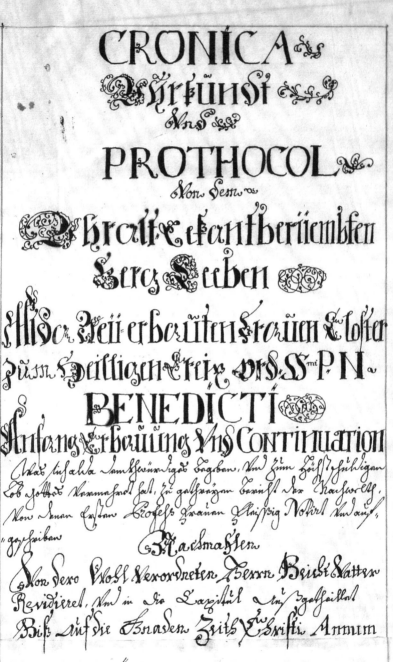

CRONICA

Würtünst

Uns

PROTHOCOL

Von dem

Uhralt Ekanntberiiembten

Berg Seeben

Aldier Neü erbeüten Frawen Closter

Zum Heilligen Creüz Ord: S.S.mi P. N.

BENEDICTI

Anfang Erbeüüng Uns Continuation

Was sich alda Denkhwürdigas Zegeben, Und zu Ehr Höchst heilligen
Lob Gottas Vornemmendt soll, Zu gethreüem bericht der Nachwelt,
Von denen Ersten Profess Frawen Fleissig Notirt Und auch
gescheiben

Nachmahlen

Von dero Wohl Verordneten Herrn Beicht Vatter
Revidieret, Und in die Capittul Und Zgethaillet
Biß Auf die Gnaden Zeith Christi Annum

1737

Die Satzungen regeln unterschiedliche Bereiche des klösterlichen Lebens und geben Anleitung, wie sie einzuhalten sind. Das betrifft unter anderem die klösterlichen Gelübde, die Einhaltung der Klausur, die Abhaltung des Kapitels und die Visitation, die von einem auswärtigen Abt oder Äbtissin durchgeführt wird. Es geht um die Installation des Beichtvaters, der im Kloster eine ganz wichtige Rolle spielt, die Aufnahme von Novizinnen oder den Ritus im Rahmen der Profess. Die Verrichtung der geistlichen Übungen, der Chor, die angemessene Kleidung, weltlicher Besitz, Umbauten oder Investitionen, alles wird durch die Satzung geregelt und vorgeschrieben. Der Äbtissin steht es jedoch frei, in Ausnahmefällen davon zu dispensieren. Sie wacht über die Einhaltung der innerklösterlichen Ordnung.

Die Äbtissin wird von der Priorin beraten und unterstützt. Das Seniorat, bestehend aus Priorin, einer von der Äbtissin ernannten Person, sowie zwei weiteren gewählten Nonnen, bilden ein nochmaliges Beratungsgremium.

Regelmäßig sich wiederholende Themen in der Chronik sind die Äbtissinenwahlen, Weihen und Jubiläen, Eintritte, Austritte und Einkleidungen sowie Professen und die Zusammensetzung des Konvents.

Titelblatt der Chronik des Klosters Säben aus dem Jahr 1737

Die Gebetszeiten setzen den äußeren Rahmen für den Tagesablauf. Alles andere muss sich dem unterordnen. „Siebenmal des Tages singe ich Dein Lob", schreibt die Regel vor.

Die Ämterordnung im Kloster stammt nicht mehr aus der Gründungszeit durch Mathias Jenner, sondern wurde nach 1900 von der Beuroner Kongregation übernommen. Sie ist den Erfordernissen des Klosters Säben angepasst. Dennoch konnte nur die Äbtissin Ämter vergeben, die jährlich neu entschieden wurden. Das verhinderte die Festigung von Hierarchien im Kloster. Ebenso konnten Ämter entzogen werden. Fast 50 Ämter umfasste die Ordnung: Äbtissin, Priorin, Cellerarin, Pförtnerin, Subpriorin, Novizenmeisterin, Gehilfin der Novizenmeisterin, Apothekerin, Bibliothekarin, Archivarin, Chronistin, Gartenmeisterin, Gemüsegartenmeisterin, Blumengartenmeisterin, Ökonomin, Thesaurarin (für Reliquien zuständig), Depositarin (für Devotionalien, Rosenkränze, Skapuliere, Medaillen, Bußwerkzeuge, Papier, Federn, Tinte, Nadel und Faden zuständig). Zum 300-jährigen Bestehen des Klosters beschreibt Äbtissin Marcellina Pustet in einem Artikel den älteren Teil der Chronik und würdigt ihn durchaus kritisch: Der Anfang greife „in barockem Schwung weit zurück in die Vorzeit, von der nur Legenden und Mythen überliefert sind. Der uralte Berg Säben wird – kein geringer Anspruch – als ein Compendium oder kurzer Begriff der Weltgeschichte dargestellt, ein Bilderbuch Gottes und Spiegel des Weltganzen. Heiden, Helden, Heilige, Wundertäter und Blutzeugen, Kaiser und Könige, Fürsten, Ritter treten auf und spielen ihre Rolle auf diesem Berg."

Dann folgt die Geschichte der Klostergründung, eine Geschichte Mathias Jenners. Erst im letzten Drittel des ersten Bandes beginnen die eigentlichen chronikalen Aufzeichnungen. Der zweite Band umfasst 545 Seiten, ist in 107 Kapitel eingeteilt und schildert die Ereignisse von 1737 bis 1852, während der dritte und umfangreichste Band 689 Seiten umfasst und nicht in Kapitel eingeteilt ist. Die handschriftlichen Aufzeichnungen enden mit den Eintragungen im Jahr 1936. Ab diesem Zeitpunkt wurde die Chronik nicht mehr weitergeführt. Für den späteren Zeitraum finden sich im Klosterarchiv Typoskripte, die als Annalen oder Jahresbriefe vorwiegend dazu dienten, an andere Klöster versandt zu werden.

GRABUNGS-
GESCHICHTE

Die Chronik erfasst erst den Zeitrahmen ab der Klostergründung. Tatsächlich hat der Säbener Berg eine wesentlich ältere Geschichte. Hans Nothdurfter hat fünf Jahre lang, von 1978 bis 1982, auch mit Erlaubnis der damaligen Äbtissin Marcellina, in Säben mit der Universität München und mit Finanzierung durch die Deutsche Forschungsgemeinschaft Bonn-Bad Godesberg wissenschaftliche Ausgrabungen am frühchristlichen Bischofssitz durchgeführt. Die Ergebnisse wurden 2003 in einem dreibändigen Werk dokumentiert. Zwischen seinen Mitarbeitern, meist Arbeiter aus den umliegenden Bergtälern, wo auch viele Klosterfrauen beheimatet waren, entwickelte sich im Lauf der Zeit ein Vertrauensverhältnis. Man half sich gegenseitig.

Im ersten Grabungsjahr wurden die Frauenkirche, die Marienkapelle und das dazugehörige Vorfeld untersucht. Hier lag das Baptisterium, das Taufbecken aus frühchristlicher Zeit für die Erwachsenentaufe. Es wurde freigelegt. Die romanischen Bauten waren mit Vorhallen versehen, die auf Pfeilern ruhten: ein Zeichen dafür, dass es damals schon viele Pilger gegeben haben muss. In diesem Bereich und an der Kapelle hat man 34 Gräber gefunden, mit spärlichen Beigaben.

Im zweiten Grabungsjahr stand die Zinnenmauer aus der romanisch-gotischen Zeit zum Erneuern und Renovieren an, weil die Steine locker geworden sind, was Nothdurfter beinah das Leben gekostet hätte. Ein loser, herabfallender Felsbrocken hatte ihn am Kopf direkt neben dem rechten Auge schwer getroffen. Die ergrabenen Befunde an der Mauer sind um 400 bis 600 nach Christus zu datieren.

Im dritten Grabungsjahr haben sich die Forscher der Heilig-Kreuz-Kirche gewidmet. Das gesamte Kirchenareal und das im Süden anschließende Gelände wurden freigelegt. Man entdeckte eine frühchristliche oder mittelalterliche Doppelkirche aus dem 4. bis 6. Jahrhundert mit einem weiteren Taufbecken in einer Felsmulde. Doppelkirchen, hier ebenfalls mit Vorhalle, waren im byzantinischen Raum und auf dem Balkan weit verbreitet. In einer Felsspalte war ein Grabmal ausgehauen und ausgemauert, weiß getüncht und darüber eine Tumba mit Fresken. Das Grab war leer. Es könnte die letzte Ruhestätte des heiligen Ingenuin gewesen sein. Später hat man darüber einen Altar errichtet.

Im vierten und fünften Jahr der Forschungen auf Säben konnte der Weinberg des Bischofsbauern unterhalb der Zinnenmauer gepachtet und ausgegraben werden. Den Herrenturm konnten die Ausgräber von Marcellina für diese Zeit mieten, sodass auch die Studenten eine Bleibe hatten und man sich mittags verpflegen konnte. Die entdeckte Kirche im Weinberg in steiler Lage, die Differenz beträgt sieben Meter, ist talseitig nur in den Fundamenten, bergseitig aber zwei Meter hoch erhalten geblieben. Der Zugang erfolgte vom Westen durch ein Atrium. Großartig und sehr selten erhalten sind die Einbauten für die Liturgie, eine breite Priesterbank, ein rechteckiges Altarpodium und darunter die Reliquiendeponie. Um 700 stürzte die Apsis über den Felsen ab, damit wurde die Kirche aufgegeben. 180 Gräber, teilweise mit Beigaben, hat man ausgraben können.

Schweren Herzens mit ein paar vergossenen Tränen wurde die Kirche wieder zugeschüttet und das Gelände für den Weinbau erneut hergerichtet.

Marienkirche mit der archäologischen Ausgrabung im Weinberg, Frühjahr 1982

Besuch der Grabungen in der Kreuzkirche 1980:
Gutachter der Deutschen Forschungsgemeinschaft und der Arbeitsgruppe Säben

Grabungsbesuch 1982: von links nach rechts:
Bischofssekretär Josef Matzneller, Bischof Joseph
Gargitter, Hans Nothdurfter, Marcellina Pustet

SÄBEN HEUTE,
EINE HERZENS-
ANGELEGENHEIT

Thema meiner Gespräche mit Mutter Marcellina war immer wieder die derzeitige Situation des Klosters. Was kann man tun, um Säben noch einmal attraktiv für monastischen Nachwuchs werden zu lassen? Wie kann man der Einsamkeit entgegenwirken? Wo kann man Hilfe finden, wenn die eigenen Kräfte nicht ausreichen? Mutter Marcellina verweist abgeklärt, vom Alter gezeichnet, auf den Heiligen Geist. Sie hat den Hirtenstab übergeben.

Die Bürgermeisterin Maria Gasser Fink wie der ehemalige Landeshauptmann Luis Durnwalder schätzen ihre Abtei auf dem Berg, ihre Akropolis Südtirols, und sind bereit alles zur Besserung der aktuellen Situation zu unternehmen. Ein Gespräch mit ihnen gerät zu einer Liebeserklärung an Säben. Das finanzielle Problem ist ihrer Meinung nach nicht das größte. Dafür würde man Mittel und Wege finden.

Viele Klausner, viele langjährige Bewohner des Gästehauses, viele ehemalige Mitarbeiter, auch Ehrenamtliche und deren Kinder, bedauern den altersbedingten Rückzug und blicken zu den verschlossenen Mauern hinauf.

„Säben ist eine Herzensangelegenheit für viele", sagt Walther Dorfmann, der einen Aufruf zur Erhaltung und zum „Weiterleben Säbens als religiöses und kulturhistorisches Zentrum" am 19. September 2016 in der Tageszeitung „Dolomiten" startete. Der Stadtplaner Prof. Peter Lammert, seit 40 Jahren Gast in Säben, bringt es auf den Punkt: „... Ich finde es problematisch, dass durch Fixierung auf die Erhaltung des derzeitigen Klosters jede Diskussion über eine Langfrist-Perspektive ausgebremst wird. Wenn ich als Planer (und Säben-Fan) dazu gefragt würde ... aber das ist ja reine Theorie: Es müsste doch möglich sein, mit engagierten, kompetenten Leuten in Brainstormings bzw. Workshops über Entwicklungsalternativen nachzudenken und zu diskutieren. Die sind dann vielleicht nah an der heutigen Kloster-Idee oder ein bisschen weiter weg – aber immer am Thema Säbener Berg und seiner Bedeutung orientiert. Stellen Sie sich vor, eine Säbener Äbtissin würde zu solch einer Diskussion einladen."

Das Leben im Kloster, wie ich es in den fünf Wochen in Säben erlebt habe, ist gänzlich absorbiert von internen Aufgaben. Die jüngste der Schwestern, Mutter Ancilla, muss Sorge tragen für die zwei über 90-Jährigen. Sie muss sich um alles kümmern. Dieser Druck und die finanzielle Lage führen zu Überlastung und Stress. Wenn die kleine Gemeinschaft überleben will, muss sich meiner Meinung nach manches ändern. Mutter Ancilla erkennt ganz realistisch den begehrlichen Blick der Wirtschaftstreibenden, auf dem Berg zu investieren. „Wenn wir auf die Pläne der Wirtschaft eingingen, hätten wir hier oben viele Touristen und könnten nicht mehr so intensiv für die Menschen unten beten."

Es genügt nicht, nur zu hoffen. Und Inspiration kann man nicht erzwingen. Kardinal Carlo Maria Martini empfiehlt einen radikalen Weg der Veränderung zu gehen. „Mut statt Angst" ist seine Devise. Kurz vor seinem Tod am 8. August 2012 spricht er in aller Deutlichkeit in einem Interview: „Unsere Kultur ist alt, unsere Kirchen sind groß, Häuser sind leer, die Organisation wuchert, unsere Riten und Gewänder sind prächtig. Doch drücken sie das aus, was wir heute sind? Dienen die Kulturgüter, die wir zu pflegen haben, der Verkündigung und den Menschen? Oder binden sie zu sehr unsere Kräfte, sodass wir uns nicht bewegen können, wenn eine Not uns bedrängt? Wir stehen da wie der reiche Jüngling, der traurig wegging, als ihn Jesus zur Mitarbeit gewinnen wollte. Ich weiß, dass wir nicht alles verlassen können. Doch wir können zumindest Menschen suchen, die frei und den Menschen nahe sind."

SÄBEN, AUCH EINE HERAUS-FORDERUNG

In Zeiten der Stagnation braucht es Aufbrüche und Gründergeist.

Mathias Jenner hatte beides in hohem Maße, begleitet von Niederschlägen und Enttäuschungen. Jede Gründung ist ein Versprechen, dass über den zeitlichen Horizont hinausreicht und im Bewahren und Tradieren von Werten die Gegenwart überschreitet.

Die wirtschaftlichen Grundlagen für die Existenz eines Klosters hingen in der Vergangenheit mit den politischen Gegebenheiten zusammen. Heute sind die Klöster eine autarke Einrichtung und von keiner öffentlichen Meinung abhängig.

Die Konvente müssen sich an ihrem ideellen Anspruch messen lassen. Auch wenn wir heute ein Klostersterben beobachten und die Konvente aus den Räumen des sozialen Lebens verschwinden, reichen Machtstreben und Tatendrang nicht aus, diesen Prozess aufzuhalten. Charismatische Persönlichkeiten in der Nachfolge Christi sind gefragt. Kreative Antworten werden erwartet, ein mutiger, oft auch streitbarer Einsatz wird gefordert.

Die neue Einheitsübersetzung der Bibel sagt: „Sobald der Mensch ans Ziel kommt, steht er am Anfang und, wenn er aufhört, weiß er nicht weiter."

Unsere Aufgabe ist es, nicht etwa nach absoluten Anfängen zu suchen, sondern zu ermutigen, Aufbrüche verantwortlich zu gestalten und den Zusammenhang mit dem bereits Geschaffenen nicht zu vernachlässigen. Neues muss nicht zwangsläufig eine Gefahr für die Tradition sein.

Wir leben in einer Zeit des Umbruchs und der Krise. Eine Krise ist eine Chance für Veränderung, für Erneuerung.

Die kommenden Generationen sollen eingewiesen und begleitet werden in eine faire Partnerschaft, ein vollendetes Menschsein, in ein gottgewolltes, gleichberechtigtes Leben. Hier sind die Ideen noch lange nicht zu Ende gedacht. Mut braucht man allerdings, um die Irrwege auszuhalten und wieder von vorn zu beginnen, sine ira et studio. Überzeugende Persönlichkeiten für diesen Wandel findet man hinter Klostermauern. Es geht um ein Miteinander und Füreinander, denn wir können es uns nicht mehr leisten, auf die Begabungen der Hälfte der Menschheit im öffentlichen Bereich, in Gesellschaft und Kirche zu verzichten. Im Alten Testament haben Frauen oft eine entscheidende Rolle an den Wendepunkten der Geschichte Israels gespielt. Deborah, die heldenhafte Richterin, rief das Volk zum Abschütteln der Fremdherrschaft auf. Durch Judith, der Tochter des Meraris, wurde Israel gerettet.

Im Neuen Testament hat Jesus einen neuen, geradezu revolutionären Umgang mit Frauen vorgelebt und alte Rollenmuster verworfen. Im Mittelalter waren die weiblichen Klöster wichtige Bildungsstätten für in Not geratene Frauen.

Wir erleben gerade den Wandel einer Epoche. Heute geht der Trend von der Kleruskirche zur Kirche des Kirchenvolkes. Die erforderlichen geistigen Grundlagen dafür setzen eine christliche Laienarbeit voraus. Frauenklöster können da einen besonderen Platz finden und ihrer Verantwortung in der Geschichte gerecht werden.

Das Kloster der Gegenwart muss der Welt zeigen, wie es geworden ist und wo es herkommt. Freilich muss es auch kenntlich machen, wenn der Untergang nicht mehr aufzuhalten ist. Verweigerung ist keine Lösung. Doch bei allem Stillstand sind

Blick auf die Marienkirche

wir noch nicht am Ende angelangt. Marcellina Pustet hat uns gezeigt, dass man vor dem Fremden, dem Neuen keine Angst zu haben braucht. Das Interesse an Orten der Stille wächst. Die Zeitlosigkeit kann im Gegenentwurf zur Schnelllebigkeit als Spiritualität betrachtet werden. Die Atmosphäre über den Wolken wäre dazu angetan. Eine Chance liegt in der exponierten Lage. Ein Zauber liegt über Säben.

Freilich müssen wir auch wahrnehmen, wie ich es im Sommer täglich erlebt habe, dass Legionen von wandernden Touristen, mit ihren Stöcken auf das Gestein klappernd, den Rucksack hinten und den gewölbten Bauch vorne, die Höhen hinaufschnauben. Aber auch für diese könnte man im Kloster einen Raum schaffen. Der Fortschritt ist nicht aufzuhalten. Rückwärtsschauen ist keine Lösung.

Heute erwarten wir, dass ein intaktes Kloster einen Beitrag leistet für die menschenwürdige Gestaltung unserer Gesellschaft. Das geschieht, wenn Nonnen und Mönche die Beziehung zu Gott pflegen und leben.

Berge fordern den Menschen heraus. Berge sind Sehnsuchtsorte, auch für Marcellina Pustet. Berge sind Orte der Gottesbegegnung, wie der Horeb, der Ölberg und Golgotha.

Lange vor der Klostergründung war Säben ein heiliger Berg. Er lehrt uns durch die archäologischen Funde, dass dort Bayern und Romanen miteinander gelebt haben, dass dort Arme und Reiche nebeneinander begraben liegen. Er lehrt uns auch, dass immer wieder Menschen auf der Suche nach Sinn, auf der Suche nach ihren Wurzeln im Leben, sich auf den Weg machen, wie die wallfahrenden Ladiner Männer, um ihren Gott zu loben und ihm die Ehre zu geben. Der Säbener Berg und das Kloster mögen noch lange Zeugen sein für diese uralte Tradition im christlichen Abendland. Die Kultur der Neuzeit möge auf diesem harten Dioritgestein einen Boden finden, wo das Heil aufscheint. An Strahlkraft mangelt es nicht.

Nebel über Säben

HALS- UND BEINBRUCH
ZUM SCHLUSS

Meine letzte Woche von den vorgesehenen sechs ist angebrochen.

Wieder mache ich mich nachmittags auf den Weg zum Kloster. Mittlerweile habe ich durch das tägliche Training im Berggehen eine stark verbesserte Kondition. Es ist wärmer geworden und ich lasse die Bergstiefel zu Hause. Die Sandalen haben zwar kein so gutes Profil, sind aber leicht und luftig. Die Rebstöcke zeigten vor fünf Wochen noch ganz kleine Blätter und kurze Triebe. Heute haben sie ein hellgrünes Blattwerk und feste winzige Traubenansätze gebildet. Natur tut gut, denke ich mir, ganz ins Schauen vertieft und weniger auf den geröllhaften Abstieg konzentriert, bevor der steile Anstieg zur Abtei beginnt. Ich beobachte die weißen Linien auf dem Azur hoch über dem Tal. Die Flugzeuge zeichnen manchmal ein Kreuz, manchmal ein Netz oder Gitter. Der Tag ist wieder ein Fest.

Schon rutsche ich auf dem instabilen Untergrund aus und rolle unglücklich ab. Ein stechender Schmerz in linken Knöchel, kaum, dass ich aufstehen kann. Mit größter Anstrengung und schweißgebadet erreiche ich humpelnd das Felsenkloster. Dort überstehe ich das Interview mit Mühe und habe das Gefühl, dass es wohl das letzte sein wird. Am nächsten Tag mache ich die schmerzhafte Prozedur nochmals, um die ausgeliehenen Unterlagen zurückzugeben und mich zu verabschieden.

Zuhause wird man durch ein MRT feststellen, dass das linke Sprunggelenk samt Fersenbein gebrochen ist. So endet das Säbenabenteuer doch noch mit einem Absturz.

Wenn ich auch kein Geheimrezept und keinen Zauberschlüssel habe für das gesegnete Leben auf dem Berg, um es für die Zukunft zu erhalten, so weiß ich doch um die Kraft des Gebetes. Die großen Dinge des Lebens werden nur den Betenden geschenkt. Sein und Christ-Sein gehören für uns zusammen.

NACHWORT

Der Verein der Freunde und Förderer von Kloster Säben hat sich die Überlebenshilfe für die Benediktinerinnen zum Schwerpunkt seines Programmes gemacht. Die engagierten Mitglieder sammeln Geld durch Benefizkonzerte und Verkäufe von Lebkuchen und Südtiroler Schmankerln auf den Weihnachtsmärkten, um den Schwestern jährlich einen nicht unerheblichen Betrag zu überreichen. Sie helfen bei der Weinlese, richten den Schwesternfriedhof wieder her, reparieren altes Mobiliar in ihren Werkstätten in Abensberg und bringen es wieder an Ort und Stelle ins Kloster. Säben liegt ihnen am Herzen.

Es war Äbtissin Marcellina, die die Mauern und Tore der Klosterburg öffnete und so zum Beispiel Hans Nothdurfter die Grabungen ermöglichte. So gelang es, Säben als heiligen Berg, als vorgeschichtliche Kult- und Begräbnisstätte, als ersten Bischofssitz in Südtirol zu dokumentieren. Marcellina wurde dafür von der Gemeinde mit der Ehrenbürgerschaft gewürdigt. Marcellina war es auch, die zusammen mit dem Künstlermönch Pater Andreas Oberländer Reformgedanken ins Kloster einbrachte. Sie sang mit der Stimme eines Engels im Nonnenkonvent und erneuerte die Liturgie des Zweiten Vatikanischen Konzils. Pater Andreas gestaltete die Eucharistiefeier zu einem Fest der Begegnung. Zusammen mit den eindrucksvollen Predigtmeditationen wurden diese Gottesdienste zu einem Anziehungspunkt für Pilger und Gott-Suchende. Darauf dürfen wir stolz sein und Anteil nehmen in „Gebet und Arbeit".

Nonnenfriedhof in der Klausur

So ist es auch für den Säben-Verein eine große Ehre, mit einem Porträt, gemalt von der Klausner Künstlerin Sonja Hofer, der Jubilarin Mutter Marcellina zum 95. Geburtstag dankbar gratulieren zu dürfen. Mutter Ancilla gilt unsere Bewunderung für ihre opferbereite Hingabe in Pflege und Sorge und unser Segensgebet.

Säben muss leben, auch weil es nicht mehr darauf ankommt, Vergangenes zu bewahren oder Traditionen zu institutionalisieren, sondern in „Zukunft" zu investieren, wie es dem Willen Marcellinas entspräche.

Für die „Freunde des Kloster Säben e.V."
Hans Eberhardt

DANK

Für das Zustandekommen des Buches möchte ich mich bei allen Klausnern für das freundliche Entgegenkommen bedanken. Alle, die ich im Sommer 2017 aufgesucht und um Auskünfte gebeten habe, haben sich Zeit genommen und mir in ihrem zauberhaften Land bereitwillig alle Fragen beantwortet. Ich habe Südtirol von seiner schönsten Seite kennengelernt. Ausdrücklichen Dank möchte ich sagen an:

Äbtissin Ancilla Hohenegger
Luis Durnwalder
Maria Gasser-Fink, Bürgermeisterin Klausen
Hans Nothdurfter
Walther Dorfmann
Familie Gasser/Obergostner Hof
Sonya Hofer
Stephan Leitner und dem Athesia-Tappeiner Verlag

LITERATUR

Bierbrauer, Volker/Nothdurfter, Hans: Die Ausgrabungen im spätantik-frühmittelalterlichen Bischofssitz Sabiona-Säben in Südtirol 1, Münchner Beiträge zur Vor- und Frühgeschichte Band 58 (Bay. Akademie der Wissenschaft) München 2015, 3 Bände

Chittister, Joan, Nimm diese Regel als Anfang. Die Benediktsregel als Leitfaden für das Leben, 2008

Deutsche Ordensoberenkonferenz (Hrsg.): Statistik der Frauenorden, 2016

Gall Prader, Maria, Wir sind da für Gott und die Menschen – Mutter Ancilla (Maria Hohenegger), in: Klausen gestern und heit, 2018, 186–192

Ganz, Katharina. Ordensfrauen und Frauenorden, in: Theologisch-praktische Quartalsschrift 165/3 (2017), 276–284

Hoornaert, Rudolphe: Lobet den Herren, 1959

Löhr, Aemiliana: Das Herrenjahr, 1951

Mazohl, Brigitte/Forster, Ellinor (Hrsg.), Frauenklöster im Alpenraum, Schlern-Schriften 355, 2012

Moser, Sybille-Karin (Hrsg.): Säben, 1992

Pustet, Friedrich: 150 Jahre Verlag Friedrich Pustet, Regensburg, 1976

Pustet, Marcellina: Anfang, Erbauung, Continuation, in: Der Schlern 60, 1986

Pustet, Marcellina: Weihnachtsrundbrief, 1994

Rahner, Karl: Sehnsucht nach dem geheimnisvollen Gott, 1993

Rahner, Karl: Ämter in der Kirche für Frauen,

Pioniere des Abendlandes, in: Katholisches Sonntagsblatt der Diözese Bozen/Brixen Nr. 12 vom 23.3.1980

Egger, W. in: Katholisches Sonntagsblatt der Diözese Bozen/Brixen, 26.3.1989, 10.

Katholisches Sonntagsblatt der Diözese Bozen/Brixen, 1.3.1999

Dorfmann, Walther: Ein Hoch auf die Wächterin der Glaubensfeste Säben, in: Clausa 6, 2006, 24–26

Gall Prader, Maria: Wir breiten über Klausen die Gebetsflügel, in: Clausa 37, März/April 2016, 22–24

„Mein schönstes Erlebnis". Erinnerungen an Weihnachtsfeste, in: Dolomiten, 20.12.1992.

Im Kloster atmet die Seele auf, in: Dolomiten 6.8.1994

Frauen wandern aus Beichtstühlen aus, in: Dolomiten, 8.4.1998.

Wünsche an die Jugend für das 3. Jahrtausend, in: Dolomiten 20.12.1999

Pilgeransturm auf Südtirols Kirchen, in: Dolomiten, 10.8.2000

Säbens Alt-Äbtissin Marcellina Pustet: Der Geburtstag ist ein Geschenk, in: Dolomiten 29.2.2008

Lammert, P.: Brief an die Autorin, 13.6.2017

Martini, C. M.: Letztes Interview mit Sporschill, G., 8.8.2012

Hermann, A.: Leben im Umbruch – Ordensfrauen in Deutschland, http://www.katholischehoerfunkarbeit.de

Deutsche Ordensobernkonferenz (Hg.), Statistik der Frauenorden, http://www.orden.de/presse-raum/zahlen-fakten/statistik-frauenorden/

Pustet, Marcellina Interview bei RAI Bozen, 12.4.2006

Bildnachweis

Marcellina Pustet: S. 8, 33–41, 44–51, 58, 60, 68–71

Walther Dorfmann: S. 16/17, 79, 84, 87, 91, 95–97, 101, 136/137

Athesia-Tappeiner Verlag: S. 15, 26–28, 102/103, 106, 112, 116, 133

Christjan Ladurner: S. 21, 108/109

Frank H. Mader: S. 22, 80/81

Elisabeth Mader: S. 52

Sonya Hofer: S. 29

Bertsch: S. 42/43

Hans Nothdurfter: S. 123–125

Hermann Messerer: S. 141

BIBLIOGRAFISCHE INFORMATION DER DEUTSCHEN NATIONALBIBLIOTHEK
Die Deutsche Nationalbibliothek verzeichnet diese Publikation in der Deutschen
Nationalbibliografie; detaillierte bibliografische Daten sind im Internet abrufbar:
http://dnb.d-nb.de

2019
Alle Rechte vorbehalten
© by Athesia Buch GmbH, Bozen
Umschlagillustration: Sonya Hofer
Umschlagfoto: Claudio Foto Atelier
Design & Layout: Athesia-Tappeiner Verlag
Druck: Athesia Druck, Bozen

ISBN 978-88-6839-355-7

www.athesia-tappeiner.com
buchverlag@athesia.it

designed + produced
IN SÜDTIROL